Julia Podgorny
Dornröschen

Julia Podgorny

DORNRÖSCHEN

Wie das misshandelte Mädchen
aus ihrem Trauma erwachte

lilly.hysteria

Bibliografische Information der Deutschen Nationalbibliothek: Die Deutsche Nationalbibliothek verzeichnet diese Publikation in der Deutschen Nationalbibliografie; detaillierte bibliografische Daten sind im Internet über http://dnb.dnb.de abrufbar.

Lektorat: Christian Marx
Korrektorat: Christian Marx
Fotos: @photograuer (Instagram)

Verlag: BoD · Books on Demand GmbH, In de Tarpen 42, 22848 Norderstedt, bod@bod.de
Druck: Libri Plureos GmbH, Friedensallee 273, 22763 Hamburg

ISBN: 978-3-7534-4535-9

Könnte ich mir eine Superkraft auswählen,
würde ich jedem Menschen das Gefühl
von Selbstliebe schenken.

Julia Podgorny

INHALT

DANKE!

Ich danke allen Menschen in meinem Leben, die mich an diesen Punkt gebracht haben. Auch wenn es in diesem Buch oft so rüberkommt, als wären die Menschen in meinem Leben die schlimmsten der Welt, so ist das nicht der Fall. Ich möchte nicht, dass jemand als schlechter Mensch abgespeichert wird. Es sind einfach Erlebnisse und das Mitspielen von vielen Faktoren auch meinerseits, die zu diesen unglücklichen Situationen geführt haben. Ich möchte mich daher an dieser Stelle für all diese Menschen bedanken, für all die Lektionen, die sie mir auf meiner Reise mitgegeben haben. Ich wünsche euch alles Gute und hoffe sehr, dass ihr euren Weg ebenfalls gefunden habt!

Besonderer Dank gilt meiner Mutter. Sie ist meine beste Freundin und der wichtigste Mensch in meinem Leben. Sie gibt mir immer so viel Halt und so viele wertvolle Ratschläge in meinem Privatleben.

Ein weiterer Dank gilt Nadine. Sie ist eine unfassbare Powerfrau, die mir immer so viel Mut und Inspiration gibt. Ich kann nicht in Worte fassen, wie froh ich darüber bin, diese Frau zu kennen und sagen zu dürfen, dass sie ein Teil meines Lebens geworden ist.

Und zuletzt danke ich all meinen Freunden, die mir in dieser Zeit immer wieder zur Seite standen und sich die Zeit genommen haben, mein Lebenswerk vor allen anderen zu lesen.

PROLOG

Ich weiß gar nicht, wo ich anfangen soll. Ich weiß den genauen Startzeitpunkt nicht einmal. War es erst auf dem Gymnasium so weit? Im zarten Kindesalter schon? Oder doch bereits im warmen, schützenden Leib meiner Mutter? Ich kann nicht mehr zählen, wie viele Abschiedsbriefe ich mit dem Glauben geschrieben habe, heute Nacht würde es so weit sein. Einige Male habe ich einfach gehofft, dass meine Gedanken zur Realität werden und ich einfach aufgrund einer bei mir nicht entdeckten Krankheit nicht mehr aufwachen würde. Andere Male hatte ich bereits die Tabletten geschluckt und gehofft, es würde mir leichter fallen zu gehen.

Viele Zeilen dieses Buches entstanden mitten im Heilungsprozess, manche erst nach intensiver und langer Reflektion. Über all die Jahre, die ich nun an diesem Buch arbeite, hat sich viel in meiner Wahrnehmung verändert. So mag es beim Lesen der Zeilen möglicherweise klingen, als wäre ich immer nur an die schlimmsten Menschen der ganzen Welt geraten. Als wären das Monster und ich wäre immer das Opfer gewesen. Doch dem ist nicht so. Zu all diesen Situationen habe auch ich meinen Teil beigetragen. Und würde man meine Expartner nach mir fragen, so würde ihre Sicht der Dinge mich als Unmensch abbilden. Alles eine Frage der Perspektive.

Ich möchte mit diesen Zeilen niemanden an den Pranger stellen. Ich möchte keinen Hass schüren oder jemanden verletzen. Mit diesem Buch möchte ich Aufklärung betreiben. Ich möchte die Geschichte eines misshandelten Mädchens erzählen, das mehrfach versuchte, sich das Leben zu nehmen. Ich möchte ihren Leidensweg zeigen, die Höhen und die Tiefen. Ich will für Verständnis für ähnliche Fälle sorgen und vor allem möchte ich, dass solche Gewalt endlich ein Ende nimmt.

Mit diesen Zeilen will ich Hoffnung schenken. Hoffnung für all diejenigen, die kein Sonnenlicht mehr in ihrem Leben sehen.

Ich wünsche mir eine friedliche Welt, in der jeder vor Selbstliebe strotzt, und dieses Buch ist mein Beitrag dazu.

Meine Social Media Kanäle, meine weiteren Bücher, sowie meinen Podcast, findest du unter folgendem Link:

https://linktr.ee/lilly.hysteria

WAS ICH MIT EINEM SERIENMÖRDER GEMEINSAM HABE

Ich hatte mich schon lange für Psychopathen interessiert. Psychologie ist ein sehr spannendes Thema. Der Versuch zu erklären, weshalb ein Mensch wie handelt, fasziniert mich schon immer.

Und was bringt einen Menschen wohl erst dazu, das Leben eines anderen zu beenden? Wie sieht es im Inneren eines Mörders aus? Was empfindet man, wenn man so viel Macht hat, mit dem Leben eines anderen rumzuspielen? Oder jemandem unendlich viele Qualen hinzuzufügen, egal ob psychisch oder physisch?

In Zeiten von Streamingdiensten ist die Auswahl der Dokumentation größer denn je. Und scheinbar interessiert es deutlich mehr Leute, wie es im Inneren eines Psychopathen aussieht. Ein Großteil der angebotenen Dokumentationen handelt genau von diesem Thema. Eine Dokureihe über Häftlinge, die zu ihren Taten befragt wurden, machte mir deutlich, dass beinahe alle diese Personen in ihrer Vergangenheit etwas gemeinsam hatten: eine untypische Kindheit.

Viele wurden bereits früh misshandelt von Eltern, Familienmitgliedern oder Bekannten. Es schockiert mich immer wieder zutiefst, aber es überrascht mich nicht mehr.

Ich selbst könnte niemals auch nur einer Fliege etwas zu Leide tun. Ich bin sehr pazifistisch und vertrete die Philosophie der Kommunikation.

Dennoch würde auch ich gewalttätig werden können, sofern das Leben meiner Liebsten oder mein eigenes bedroht wird. Ich habe einen sehr ausgeprägten Beschützerinstinkt, wie ich zu meiner Überraschung manchmal feststellen darf.

Und ich bin süchtig nach Macht. Ich liebe das Gefühl, wenn ich mit Menschen spielen kann, als wären es meine Marionetten. Es macht mich glücklich zu sehen, wenn ich jemanden um den Finger wickeln kann.

Es beginnt schon bei Kleinigkeiten: Beim Kauf eines neuen Autos überlege ich mir ganz genau, was ich anziehe, und wähle meine Worte sehr bedacht. Dabei wähle ich keine freizügige Kleidung oder biete meinen Körper an oder ähnliches. Ich flirte nicht einmal, ich benutze lediglich eine sehr bildhafte Sprache und versuche mich in meinen Gegenüber zu versetzen.

Ich beschäftige mich schon lange mit der Psychologie und habe sehr viele Typen der Art Mensch kennengelernt. Mit der Zeit kann man schnell einen Menschen in eine bestimmte Schublade stecken und weiß genau, mit welchen Tricks man diesen manipulieren kann.

Besonders Männer sind hier sehr einfach gestrickt. Viele wollen nur bemuttert werden, sie wünschen sich eine fürsorgliche Hand. Auf diese Art und Weise habe ich schon viele Dinge bekommen.

Es geht nur um Macht. Macht, die man jetzt so vergeblich sucht, weil man sie als Kind nicht hatte. Schutzlos, ausgeliefert, machtlos.

Ich hatte als Kind oft gebettelt, dass mein Vater aufhört mich zu prügeln. Ich hatte ihn auch darauf hingewiesen – ich schätze, das war so in der vierten Klasse –, dass Kinder Rechte haben und diese Rechte mich eigentlich vor seinen Prügeltaten schützen sollten.

„Wenn du nicht aufhörst, dann rufe ich die Polizei", hatte ich ihm zum Abendessen am Tisch gesagt. Aber er lachte mich nur aus: „Du bist meine Tochter, du liebst mich doch."

Ich hatte es akzeptiert. Er hatte ja auch recht; ich vergötterte ihn und irgendwie habe ich dann gedacht, dass das wohl Normalität sei. Diese *Kinderrechte* wären womöglich nur ein Märchen gewesen, das man uns Kindern erzählte. Oder diese Rechte galten für alle, nur eben nicht für mich.

Schutzlos, ausgeliefert, machtlos - diese Gefühle hatte ich als Kind nie. Für mich war diese Art der Erziehung meine Normalität. Ich habe erst mit 18 begriffen, dass das nicht normal war. Ich hatte nie mit jemandem über die Probleme zuhause geredet, weil ich nicht wusste, dass es Probleme sind. Welches Kind würde sich denn auch darüber beschweren, dass man als Familie gemeinsam ins Kino geht?

Für mich waren meine Prügeleien ebenso normal wie für andere ein Kinobesuch. Ich hätte vermutlich eher viel Wirbel um einen Kinobesuch gemacht, den gab es nämlich als Familie nie in meiner Kindheit.

Zukünftige Eltern sollten begreifen, dass die Kindheit, die man den Kindern schenkt, für sie als Normalität angesehen wird und die Kinder dann genau mit dieser Normalität aufwachsen. Wird ihnen viel Liebe geschenkt, so wird im Erwachsenenalter Liebe das Normalste auf der ganzen Welt für sie sein. Wird einem Kind vermittelt, dass es nichts wert ist und die Schuld an allem trägt, dann wird es das auch immer denken.

Ich hatte mit 14 damals gedacht, dass ich Schuld am Erdbeben in Haiti hätte. Es macht durchaus keinen Sinn, aber ich war der felsenfesten Überzeugung, dass ich irgendwas falsch gemacht hätte und deswegen so viele Menschen bei dieser fürchterlichen Tragödie zu Schaden kamen. Ich war sehr überzeugt davon. Ich fühlte mich einfach schuldig und konnte nichts dagegen tun.

Verständlicherweise hatte niemand mit dem Finger auf mich gezeigt und mir solche Dinge an den Kopf geworfen, ich hatte lediglich die Nachrichten gesehen und war mit einem unvorstellbar schlechten Gewissen geplagt. Als hätte mich zuvor ein heiliger Flaschengeist besucht und ich hätte mir aus Spaß diese Katastrophe gewünscht und nun festgestellt, dass bei dieser lustigen Idee viele unschuldige Menschen grausam ums Leben gekommen sind. Und das ist nicht übertrieben.

Ich wünsche mir aber ehrlich, dass das eine erfundene Geschichte wäre. Dass ich mir das jetzt ausgedachte habe, um die Spannung aufrechtzuerhalten.

Ich war gerade einmal 14 Jahre alt zu diesem Zeitpunkt und hätte wegen Liebeskummer so sehr weinen sollen, anstatt wegen einem Erdbeben am anderen Ende der Welt.

DAS SCHWARZE KAPITEL

WIE ALLES BEGANN

Rückblickend glaube ich, dass ich mit ungefähr zwölf Jahren bereits in Depressionen gefallen bin. Es ist schwer, das genaue Alter oder den genauen Zeitpunkt auszumachen. Damals kamen SchülerVZ und Facebook ganz groß raus und es war völlig normal – wenn nicht sogar total in –, Selbsthass zu fühlen und extrem pessimistisch zu sein.

Die Hormone gehen mit einem pubertätsbedingt durch und dann hat man auch noch die Möglichkeit bekommen, sich online mit den Hübschen und Beliebten zu vergleichen. Man konnte sich plötzlich hinter einer Fassade verstecken und Menschen beleidigen. Man wurde mit so viel Hass konfrontiert und das war normal.

Die Zeiten waren einfach so und die Teenies waren eben etwas depressiver. Meine damalige Clique hatte auch viel Punkrock gehört, da war der Hass auf die Welt und sich selbst sowieso angesagt.

Ich habe schon immer meine Gefühle mit Musik verarbeitet. Und ungefähr mit zwölf habe ich meinen ersten Song geschrieben, der davon handelt, wie ich meine Mutter vermisse. Sie war immer zuhause, sie war immer da und zu dem Zeitpunkt hatte sie begonnen sich selbständig zu machen.

Sie hat viel gearbeitet und ich musste dann auch viel im Haushalt übernehmen. Ich war schon immer sehr anhänglich und habe Nähe gebraucht – und plötzlich wurde mir diese Nähe entrissen.

Ich glaube, dass es ab dem Zeitpunkt angefangen hat. Mit 13 habe ich das erste Mal versucht mich umzubringen. Ich weiß nicht einmal mehr, was der konkrete Auslöser war, vermutlich wegen irgendeinem Teenie-Streit. Aus einer Mücke wurde einfach ein Elefant, ein ziemlich ernster Elefant.

Aber Gott sei Dank waren meine Eltern fürchterlich streng. Ich durfte abends nicht mit Freunden raus, hatte keinen Zugang zu Tabletten, Zigaretten, Alkohol oder merkwürdigen Gestalten, die mir diese Dinge hätten besorgen können. Ich wurde behütet wie Adams Augapfel.

Und trotzdem habe ich diese Gedanken gehabt. Ich lag eines Abends dann in der Badewanne, ich hatte sie an dem Abend besonders volllaufen lassen. Ich habe öfter versucht meinen Kopf stark an den Badewannenrand zu schlagen, in der Hoffnung, dass ich bewusstlos werde und dann einfach ertrinke.

Nach dem dritten Schlag war ich immer noch bei vollem Bewusstsein und hatte Panik bekommen, dass mich jemand hören könnte, reinstürmen würde und dass ich dann diese Situation erklären müsste.

Also habe ich es gelassen und hielt meinen Kopf unter Wasser, in der Hoffnung, dass das auch so gehen würde. Aber leider war mein Körper doch stärker als mein Geist und ich holte wieder tief Luft an der Oberfläche.

Nach jedem missglückten Selbstmordversuch ging es mir nicht besser, sondern deutlich schlechter. Ich hatte immer das Gefühl, dass ich nichts in meinem Leben kontrollieren konnte, und nicht einmal die Entscheidung, ob ich lebe oder sterbe, konnte ich selbst fällen.

Jedes Mal kommt das Gefühl der Nutzlosigkeit in mir hoch, ganz nach dem Motto „Nicht einmal das kannst du". Ich hatte noch nie versucht, mir die Pulsadern aufzuschneiden. Ich wollte niemals, dass ich meiner Familie ein fürchterliches Bild hinterlasse. Selbst in einer solchen scheinbar aussichtslosen Situation hatte ich immer an die Leute in meinem Umfeld gedacht.

Ich wollte es nicht noch schlimmer gestalten, in dem sie ein schreckliches Blutbild vor Augen haben. Also wurde ich einfach kreativ und Gott sei Dank war ich so ahnungslos.

Ein weiteres Mal hatte ich mit 16 versucht, mich umzubringen. Ich hatte mich mit meinen Eltern gestritten. Wir haben in einem Mehrfamilienhaus im zweiten Stockwerk gewohnt. Vor den Augen meiner Eltern wollte ich vom Balkon springen. Das war das erste Mal, dass ich so rücksichtslos gehandelt hatte. Meine Mutter hat mich am Arm gepackt, mich wieder reingezogen und hat mir dann eine Ohrfeige gegeben.

Ich schätze, sie wollte mich wie in den Filmen damit wieder in die Realität zurückholen. Aber es hatte damals in mir nur noch mehr Emotionen ausgelöst.

Die Tage darauf wollte ich ins Kinderheim, um Abstand von allem zu gewinnen. Mit meinen Eltern war es dann lange nicht einfach. Wir haben seltener über wichtige Dinge geredet, es gab immer wieder *normale* Tage, an denen alles okay war – oder es zumindest so wirkte. Aber bis ich 18 geworden bin, bis ich mein Erwachen hatte, war es sehr schwierig.

WIE ALLES ENDEN SOLLTE

Folgendes Kapitel habe ich im Alter von 21 Jahren direkt nach meinem letzten Suizidversuch geschrieben. Diese Zeilen sind nicht leicht zu lesen und ich bitte darum, dieses Kapitel nur dann zu lesen, wenn man sich in der richtigen Verfassung dazu fühlt. Es ist sehr ausführlich beschrieben und legt meine Gefühle während des Versuches vollständig offen.

Heute blieb ich zuhause im Bett. Der größte Erfolg war, dass ich es schaffte, meinen unmotivierten Körper auf die Couch zu verfrachten.

Ich war nicht krank, zumindest hatte ich nichts Ansteckendes. Ich hatte nur wieder ein depressives Tief erreicht. Einige Tage zuvor spielte ich erneut mit dem Gedanken des Suizids.

Es war ein banaler kleiner Streit, der mich zu einer solchen übertriebenen Handlung zwang – doch zu diesem Zeitpunkt schien alles berechtigt zu sein.

So waren wir feiern, alle hatten eigentlich gute Laune, ein falsches Wort und zack: Ich saß im Taxi auf dem Heimweg, ohne jemandem ein Wort zu sagen. Ich packte einen Rucksack mit Dingen zusammen, die ich für eine Nacht gut gebrauchen könnte und hinterließ meinem Freund eine Nachricht: „Ich bin bei meiner Mutter, ich muss nachdenken. Füttere bitte morgen früh die Katzen."

Mein damaliger Freund hatte mich zig Male versucht zu erreichen, ich stellte mein Handy aber stur auf Flugmodus, während ich mir die Tränen wegwischte. Ich verließ die Wohnung und machte mich auf den Weg zu meiner Mutter, ich wollte rennen, einfach weg.

Die Angst, dass mein Freund mich einholen würde, war so groß. Ich hatte keine Angst vor ihm, sondern davor, dass er mich in diesem Zustand sieht und alles nur noch schlimmer wird.

Ich habe es nicht einmal geschafft, unsere Straße zu verlassen, als mir einfiel, dass meine Mutter heute Nacht bei ihrem Freund war. Ich blieb stehen, während in mir drinnen alles zusammenfiel. *Allein*, ertönte es in meinem Kopf. Die Tränen liefen heiß meine Wangen runter. Ich wusste, wenn ich jetzt nicht weiterlaufen würde, würde ich genau hier an Ort und Stelle zusammenbrechen und morgen das Gespräch des ganzen Dorfes sein.

Also lief ich wieder zurück in Richtung Zuhause, wo ebenfalls niemand war.

Allein, tönte es dieses Mal lauter in meinem Kopf. Ich konnte kaum mehr etwas sehen, die Tränen wischten jegliche Schärfe aus der Dunkelheit.

Ich wollte in Richtung Felder laufen, damit ich wenigstens über Smartphone mit jemandem in Ruhe reden konnte. Doch von der Richtung würde mein Freund kommen, wenn er denn zu Fuß nach Hause laufen würde.

Ich nahm den anderen Weg, in Richtung Brücke. Hinter einer Absperrung blieb ich stehen, legte meinen Rucksack auf den Boden und setzte mich drauf. Ich holte tief Luft und atmete sie wieder aus. Es war kalt und nass.

Ich suchte mein Smartphone heraus und machte den Flugmodus aus – zehn verpasste Anrufe von ihm, die ich auch jetzt ignorierte. Ich wählte die Nummer meiner Mutter und wartete. „Guten Tag, Sie sind verbunden mit der Mailbox von …", ich legte auf.

Ein zweites Mal versuchte ich es erst gar nicht. Ich ging meine Kontaktliste durch. Niemand da, den ich an einem Samstag um drei Uhr nachts hätte anrufen können.

Allein, ich steckte mein Smartphone ein und starrte auf die Brücke. „Dich braucht eh keiner, niemand wird dich vermissen", dachte ich mir.

Mein Handy leuchtete auf, erneut ein Anruf von ihm. „Wieso lässt du mich nicht einfach allein? Du bist besser dran ohne mich!", zischte ich mein Handy an, während ich es weiter vibrieren ließ. Ich zündete mir eine Zigarette an, in der Hoffnung, dass mich die Brücke nicht mehr so verführerisch anschauen würde.

Ich machte mir Gedanken darüber, ob ich jemals gefunden werde und wie ich meinen Geldbeutel an mir befestige, dass man mich im Fall meines Sprunges trotz aufgeblähtem Gesicht identifizieren kann. Weit würde es mich gewiss nicht treiben, recht bald kam ein Staudamm, der die groben Dinge aufhielt weiterzufließen.

Die Zigarette half nicht. Ich stand auf, machte einen Schritt auf die Brücke zu und blieb stehen. „Ich kann das nicht machen. Geh nach Hause, wenn er da ist, dann bleibst du. Wenn nicht, dann darfst du springen", machte ich mit mir selbst aus.

Ich war eine Niete im Entscheidungentreffen, daher ließ ich das Schicksal gerne entscheiden. Ich drehte mich um und lief langsam Richtung Zuhause. Schritt für Schritt überkam mich die Angst: Was passiert, wenn er da ist? Und was, wenn er es doch nicht ist?

Ich wusste nicht, welcher Gedanke mir lieber war. Ich bog in unseren Weg durch den Garten ein und blieb stehen. Er schloss gerade die Tür auf und verschwand dahinter, ohne sich einmal umzuschauen. Ich blieb wie eingefroren stehen. Mein Körper versteinerte innerhalb von Sekunden, während sich meine Gedanken überschlugen. Er hatte mich noch nicht gesehen, heißt das also, dass ich immer noch selbst entscheiden muss, was nun passiert?

Ich weiß nicht genau, wie lange ich so stehen blieb, aber es fühlte sich an wie eine Ewigkeit, und diese Ewigkeit verbrachte ich im Nichts. Bis da dieses warme Gefühl in mir auftauchte, es war nur ein kleiner Funken, aber ich wusste, dass ich jetzt mehr davon brauchte.

Ich ging zur Eingangstür, öffnete sie und lief die Treppen hinauf. An der Wohnungstür blieb ich stehen, legte mein Ohr an die Tür und hielt die Luft an. Ich hoffte, dass er den Zettel lesen würde und wütend wird oder vor Trauer schreit. Ich hatte auf irgendein Geräusch gehofft, das mir zeigt, dass ich wenigstens einer Person wichtig sei.

Doch da war nichts, absolute Stille. Ich schloss die Tür auf und sah ihn auf dem Sofa. Er saß regungslos da und machte sich keine Mühen, etwas zu sagen oder aufzustehen.

Allein.

„Gut, das ist wohl mein Zeichen", ich legte meine Sachen ab und zog meine Kleidung aus. Mein Freund kam ins Schlafzimmer und fragte, wo ich gewesen sei. „Ich saß draußen und hatte keinen Empfang", log ich ihn an.

„Ich bin nach Hause gesprintet, habe vor Erschöpfung kotzen müssen, hab hier dann diesen blöden Zettel gesehen und bin zu deiner Mutter gerannt! Du warst nirgends! Ich habe mir so Sorgen gemacht! Und du saßt einfach nur draußen und hast nachgedacht?", schrie er mich an. Er verließ das Zimmer, ohne zu fragen, weshalb ich dabei war, mir ein weißes Kleid anzuziehen, und ich hörte nur, wie die Balkontür hinter ihm zufiel.

Ich wollte schon immer in Weiß sterben, ich wollte schön aussehen. Das Schicksal scheint wohl derselben Meinung zu sein.

Ich griff nach meinem Geldbeutel und holte dort die Kopfschmerztabletten heraus, die ich zur Not immer dabeihatte. Zwei an der Zahl schluckte ich mit genug Wasser hinunter. In meinem Nachtkästchen fand ich eine weitere Tablette, die ich ebenfalls ohne zu zögern in mich hinunterkippte.

Aber drei würden mich niemals in den unendlichen Schlaf versetzen, nach dem ich mich gerade so sehnte. Die restlichen Tabletten lagen im Wohnzimmer, genauso wie die Schlaftabletten, die ich einmal verschrieben bekam. Das sollte ausreichen.

Ich griff in die Apothekenschublade und holte mit zitternden Händen alles raus, in der Hoffnung, dass er noch lange genug draußen bleiben würde. Doch mein Wunsch erfüllte sich nicht.

Er kam hinein, sah, was ich in den Händen hielt, und nahm es mir sofort weg. „Hast du schon welche davon genommen?", fragte er mich voller Entsetzen, doch ich schwieg und starrte auf den Boden.

„Hast du welche genommen?", fragte er, dieses Mal mit einer lauten Stimme. „Wie viele hast du genommen?", seine Stimme wurde zärtlicher. Er nahm mich in den Arm. Ich bekam Schuldgefühle und versank in meinem Selbsthass. Wie konnte ich diesem wunderbaren Menschen so etwas Schlimmes antun wollen?

„Drei", schluchzte ich leise. „Drei von was?" – „Weiß ich nicht genau, schau auf dem Nachtkästchen nach, da liegen die leeren Packungen." Mein Freund eilte ins Schlafzimmer, kam sofort wieder zurück und zerrte mich sanft ins Badezimmer.

„Schatz, tu mir jetzt bitte den Gefallen und steck dir den Finger in den Hals. Bitte tu das jetzt für mich." Ich spürte, wie er mich anschaute, doch ich konnte seinen Blick nicht erwidern und starrte voller Scham auf den Boden.

„Ich kann nicht", antwortete ich ihm. Ich konnte einfach diesen Fehler nicht rückgängig machen. Ich wollte sterben, er würde mit meinem Verlust zurechtkommen. Er würde eine bessere und glücklichere Frau finden, ich stand ihm nur im Weg.

„Schatz, bitte. Sonst mach ich es oder ich ruf den Notarzt, bitte. Bitte tu mir den Gefallen", flehte er mich an. Es fühlte sich an wie eine Ewigkeit, in der er versucht hatte, mich zu überreden, endlich diese Tabletten loszuwerden. Doch innerlich wusste ich immer mehr, dass es bereits zu spät sei und dass drei Tabletten bei weitem nicht die Reaktion in meinem Körper auslösen würden, welche ich gerne gehabt hätte.

„Okay", stimmte ich irgendwann zu, nur damit wenigstens er ruhig schlafen konnte. Ich ging ins Badezimmer, verschloss die Tür und holte die Zahnbürste. Es müsste nur so aussehen und sich nur so anhören, dachte ich. Ich betätigte die Spülung und stand auf, um meinen Mund zu spülen.

„Ist alles draußen?", fragte er. „Ja, ich glaube schon", log ich ihn an. Ich wusste, dass nichts rauskam, aber ich wollte ihn beruhigen. Er umarmte mich und zog mir das Kleid aus. „Ich werfe dieses blöde Kleid weg!", schrie er. Doch ich hielt ihn davon ab: „Das muss ich selbst mit mir ausmachen. Ich werfe es weg, wenn ich so weit bin."

Mein Freund kam ohne Kleid zurück, er hatte es versteckt. Ich stand immer noch da, halbnackt mitten im Zimmer, den Boden voller Scham anstarrend. Hatte er doch recht und diese drei Tabletten würden mir Probleme bereiten?

Nein, das kann nicht sein, ich habe in Zeiten von starken Schmerzen solche Rationen von Ärzten verschrieben bekommen. Aber als Tagesdosis und nicht um alles auf einmal zu nehmen. Meine Gedanken kreisten umher, während er mich schützend in seinen Armen hielt.

„Es gibt nur ein weißes Kleid, das dir steht. Und das ist das Kleid vor dem Altar", er hob mein Gesicht und ich musste lächeln. Er hatte es geschafft, er hatte mich aus diesem Loch geholt. Zumindest für heute.

Die Tage danach fielen meinem Freund schwer. Er wusste nicht, wie er mit mir umgehen sollte und fasste mich mit Samthandschuhen an. Ich hatte fürchterliche Kopfschmerzen, doch ansonsten ging es mir gut.

In meinem Halbtagsjob fiel mir dann ein, dass mein Termin beim Psychologen in einigen Stunden sein würde. Ich formulierte die Worte und die Sätze, wie ich ihm diesen Abend beibringen soll, nachdem ich beim letzten Termin doch selbst gesagt hatte, dass ich mir seltenere Termine einmal im Monat bereits zutraue.

Ich stieg ins Auto und dachte weiter darüber nach. Doch bei meinem Psychologen angekommen, schaffte ich es nicht. Stattdessen redeten wir über meinen Kleidungsstil, meinen neuen Job und den neuen Freund meiner Mutter.

Ich hatte es nicht geschafft, etwas zu sagen, auch nicht dann, als mein Psychologe den neuen Termin erneut erst in einem Monat vorschlug. Ich nickte es einfach ab. Ich hatte versagt, erneut.

Liebes Tagebuch, 04.03.2012 (15 Jahre)
Ich bin einmal ausgerastet, weil Mom mich geschlagen hat, weil ich aus dem zweiten Stock springen wollte. Ich wollte mich in der Badewanne umbringen und habe mich gewürgt, bis mir schwarz vor Augen wurde. Ich habe mich dann unter Wasser gehalten und habe mir versucht den Kopf anzuschlagen. Ich bin einfach nur zu dumm, mir das eigene Leben zu nehmen. Nicht einmal das kann ich ...

Manchmal scheint es so, wie jetzt, als ob es okay wäre, wenn ich jetzt sterben würde und Suizid begehe. Selbst wenn ich es nüchtern bedenke, scheint es okay zu sein. Als ob es sich so gehört, dass ich als Jungfrau und ohne meinen ersten Kuss sterbe. Ohne wirklich richtig geliebt oder verstanden zu werden.

Es ist okay, morgen nicht mehr aufzuwachen. Liebes Tagebuch, ich bin wirklich bereit zu sterben. Ich glaube, dass ich hier nicht hingehöre. Wenn ich nicht mehr aufwachen sollte und das der letzte Eintrag von mir sein sollte, dann ist das auch okay. Denn ich bin bereit zu gehen.

Auf meiner Beerdigung sollen alle ihr Lieblingskleidungsstück tragen und eine Party soll gefeiert werden. Ich will nicht, dass alle weinen. In meinen Sarg sollen dann auch meine Gitarre und mein Songbuch liegen. Außerdem will ich in einem weißen, wunderschönen Kleid begraben werden und in einem Sarg voller Kornblumen liegen. Bestattung ... Die sind toll. Alle sollen nur lustige Momente über mich erzählen und auf meiner Beerdigung lachen und tanzen.

Denn so will ich es. Und meine letzte Bitte wäre, dass ich in Villingendorf begraben werde. Ich will schon immer dorthin zurück. Es ist perfekt dort.

Ich will nicht großartig Tschüss sagen. Es wären zu viele Personen. Die, die mir wirklich was bedeutet haben, wissen es und würden sogar wissen, was ich ihnen sagen würde. Denn ich lebe immer weiter als Erinnerung bei diesen Leuten.

Ich bin bereit. Ich kann, ohne Angst zu haben, gehen und ein neues Leben anfangen. Ich bin bereit hier und jetzt zu sterben. Ich bin bereit, Gott. Ich bin bereit.

Auf Wiedersehen Welt, bis bald.

SEX, DRUGS AND ROCK 'N' ROLL

Hallöchen. 01.06.2013 (16 Jahre)
Ich weiß auch nicht, was ich dir heute erzählen soll. Ich könnte schreiben und genauer erzählen, dass ich seit Freitag mit sieben Leuten rumgemacht hab. Also in einer Woche ...
Ich könnte erzählen, dass Timo und ich uns verkracht haben und dass ich kein Beziehungsmensch bin. Dass es mir Spaß macht, Jungs nach mir verrückt zu ma-chen. Dass ich gelegentlich Tabletten mit Alk runterspül. Dass ich immer feiern bin, spontan, und mich derbe volllaufen lasse. Dass ich auch erst gegen Mitternacht rausgehe. Dass ... alles so anders ist.
Es passiert so viel einfach und ich ...?
Alles bewegt sich, alles verliebt sich. Ein-fach alle sind glücklich. Und ich ...?
Ich lass mich volllaufen. Jeden Freitag und jeden Samstag. Und sonst auch bei jeder Gelegenheit.

Mit 16 entdeckte ich die gesetzliche Freiheit, Alkohol zu kaufen und bis Mitternacht feiern gehen zu dürfen. Meinen Eltern erklärte ich, dass das alle in meinem Alter machen und es völlig normal sei. Außerdem hatte ich ältere Freunde, die würden ja schon auf mich aufpassen.

Ich konnte mich selten an die Abende erinnern, die älteren Freunde hatten mir nämlich immer den hochprozentigen Alkohol gekauft.

Ich kann nicht genau erklären, wie das passiert ist. Aber dort bin ich extrem aufgefallen. Sogar Mitschüler, die mich auf der Schule verachtet haben, wollten auf einmal mit mir in diesem Club befreundet sein.

Dabei kannte ich nicht einmal irgendwelche *wichtigen* Menschen dort. Ich war einfach da, jedes Mal mit ziemlich viel Promille im Blut und irgendwie habe ich mir eine eigene Marke aufgebaut.

Ich lernte immer mehr Menschen kennen, kam dann immer mehr in den Kreis der Stammgäste und man kannte mich dort. Ich hatte mich auch gerne freizügig gekleidet, wie das eben in der Alternative-Szene Normalität war. Ich habe die Band *Pretty Reckless* entdeckt, mich in den Style von Taylor Momsen verliebt und versuchte ihren Kleidungsstil mit eigenen Anpassungen nachzumachen.

Dann setzte ich jeden Abend einen Hut auf, den ich mit irgendwelchen Patches händisch verzierte, machte ein paar Männern (und manchmal auch Frauen) schöne Augen und zack: Teddy war geboren.

Mich kannte jeder in dem Laden, entweder liebte man mich oder man hasste mich. Das war nun einmal so. Noch heute treffe ich Leute, die interessante Geschichten über mich kennen, dabei kenne ich diese Menschen überhaupt nicht.

Und mit jedem Abend fand ich immer mehr heraus, dass mein äußeres Erscheinungsbild und meine offene Art die Männer schon fast magisch anziehen. Ich habe sehr früh bemerkt, dass ich anders bin als andere Frauen.

Ich hatte viel Kontakt zu vielen Leuten, die mich alle angehimmelt haben, und diesen Ruhm habe ich sehr genossen. Nach meiner fiesen Mobbingphase auf der Schule hatte ich das ziemlich gebraucht. Ich hatte mich darin gesonnt und habe es mit jeder Faser meines Körpers aufgenommen.

An einem Abend war es normal, mit mehr als einem Mann oder einer Frau irgendwo in einem dunklen Eck oder sogar im Scheinwerferlicht auf der Tanzfläche zu knutschen. Ich konnte mich auch oft nicht einmal an die Namen der Menschen erinnern oder an die Tatsache, dass da was geschehen war. Ich habe viele Herzen gebrochen und viele Menschen verärgert.

Das war eine toxische Mischung. Denn war ich doch der Meinung, dass ich sonst nichts kann, nichts wert bin und generell niemals etwas erreichen werde. Mein Selbstbewusstsein wurde von eben diesen Spielchen mit Männern aufrechterhalten.

Ich hatte die Haltung, dass das einzige Talent, das ich hatte, die Fähigkeit sei, Männer um den Finger zu wickeln. Also habe ich das auch getan. Nicht nur einmal, nicht nur phasenweise, nicht nur aus Spaß. Es war meine Droge und ich habe es gebraucht, um mich selbst besser zu fühlen.

Sobald ein Mann Butter in meinen Händen war, habe ich mich gut gefühlt. Ich war wie eine Jägerin auf der Lauer, dabei habe ich nicht unbedingt die Menschen angesprochen. Oftmals haben bereits Blicke aus der Ferne gereicht, um die Beute zu mir kommen zu lassen.

Mein Selbstbewusstsein war abhängig davon, ob ich es schaffen würde, einen Mann um den Verstand zu bringen. Dabei ging es nicht einmal um Sex. Mir hat es einfach gereicht zu wissen, dass ich die Kontrolle habe. Denn das war das einzige Talent, das ich hatte. Mein Körper war meine Waffe.

Das war eine fiese Phase, die auch glücklicherweise nicht sehr lange angehalten hat. Ich wurde nämlich 18 und durfte endlich Autofahren. Mein innerer Kontrollfreak hat somit die Partyphase schnell beendet, um selbst bestimmen zu können, wann ich nach Hause gehe.

Ich war weiterhin auf den Partys, aber deutlich öfter nüchtern als betrunken. Ich kam dann auch recht schnell in meine erste ernsthafte Beziehung, hatte eine Arbeitsstelle in einer Kindertagesstätte als Freiwilliges Soziales Jahr und hatte ein Auto.

Ich habe die Liebe zu Kindern entdeckt und irgendwie wurde ich auf einmal erwachsen, da passte das Danebenbenehmen einfach nicht mehr ins Bild rein. Und eben diese erste Beziehung war der Grund meines Erwachens.

WHO'S YOUR DADDY?

Die Beziehung zu Leon war und ist in jeglicher Hinsicht absolut toxisch. Auch wenn durch meine sehr subjektiven Erinnerungen und Erzählungen hier einige Menschen als Monster dargestellt werden könnten, bin ich jedem einzelnen dank-bar. Es soll hier ja auch nicht um glückliche Momente gehen – solche hatte ich viele, besonders mit Leon.

Aber in diesem Buch geht es um das Chaos, die Tragödien, die Dramen. Denn nur durch diese bin ich heute in der Lage, von meiner Geschichte zu erzählen. Also beginnen wir bei meiner ersten großen Liebe: dem Mann, der mir die Augen geöffnet und mir damit vermutlich das Le-ben gerettet hat.

In meiner exzessiven Zeit des Feierns habe ich Leon immer wieder im Club gesehen. Er war nicht ganz so oft da wie ich und hatte meistens bereits ein Mädchen im Arm. So offen und extravertiert wie ich war, hatte ich mich aber nie getraut, ihn anzusprechen. Er wirkte auf mich immer wie ein Rockstar, so nah und doch so fern. Er war mein Jared Leto, und das war auch okay für mich. Ich habe ihn einfach aus der Ferne beobachtet und ihn angehimmelt.

Eines Abends habe ich die Benachrichtigung auf dem Handy erhalten, dass er mir ein Like über eine Dating-App geschickt hat. Ich war völlig aus dem Häuschen und habe es direkt meiner Mutter und meiner damaligen besten Freundin erzählt.

Dieser erste Blick danach im Club war magisch. Dieser Mann hat mir den Ver-stand vollkommen verdreht. Ich war so nervös, wie schon lange nicht mehr. Die Welt um mich herum hörte auf zu existieren und alles verschwamm, nur sein An-blick blieb vollkommen klar.

Wir hatten ein wenig miteinander gequatscht, die Handynummern ausgetauscht und ein, zwei Shots miteinander getrunken. Mehr ist da nicht geschehen.

Einige Tage später haben wir uns zu unserem ersten Date verabredet. Wir haben uns in einem Lokal getroffen, es war tat-sächlich mein Lieblingslokal. Er hat mich von meiner Mutter abgeholt, darauf bestand er als wahrer Gentleman. Er sorgte sich so gut um mich, wie es noch keiner vor ihm getan hat.

Nach vielen unterschiedlichen und tief-gründigen Gesprächen war es Zeit, das Lokal zu verlassen. Ich war schon ein wenig traurig darüber, diesen perfekten Mann wieder verlassen zu müssen.

Wir hatten so viele Gemeinsamkeiten. Er war ein wahrer Gentleman, der mir die Türen öffnete und meine Tasche hielt. Er beschenkte mich mit meiner Lieblingsschokolade und er konnte flirten wie ein Weltmeister. Ich war im Himmel.

Und nebenbei bemerkt: Er trainierte und sah aus, wie von den Göttern höchst persönlich geformt. Er war nicht nur äußerlich perfekt, auch innerlich hat er mir meine absoluten Wünsche und Träume erfüllt.

Ich war mir sicher, dass ich den perfekten Mann getroffen hatte, und das bereits mit 18. Ich durfte mich glücklich schätzen.

Es hat nicht lange gedauert, bis wir dann offiziell ein Paar wurden und wenige Monate später bezogen wir unsere erste gemeinsame Wohnung.

WAS SAGEN SIE ZU IHRER VERTEIDIGUNG?

Irgendwann hatte er mich dann gefragt, ob ich denn wirklich Gefühle für ihn hätte, er würde das nicht so wirklich bemerken. Solche Gespräche hatten wir oft und ich begann allmählich, die *Erwachsenen* zu fragen, wie man jemandem zeigt, dass man ihn liebt.

Mein Vater hat meine Mutter zum Beispiel immer in seiner Mittagspause angerufen und sie wirkte dabei jedes Mal wie ein Teenie. Doch da zu dem Zeitpunkt meine Eltern bereits getrennt lebten, konnte ich damit nicht viel anfangen.

Eine Arbeitskollegin aus meinem FSJ erzählte, dass sie immer, wenn sie was mit den Kindern bastelte, auch etwas für ihren Ehemann machte und ihm das dann am Abend geschenkt hatte. Ich verstand zu dem Zeitpunkt nicht, was ich falsch machte. Ich wusste, dass ich ihn liebte und zeigte es ihm auch – aber eben auf meine Art und Weise.

Ungefähr parallel zu diesen Gedankengängen und der Trennung meiner Eltern hatte ich mit einem Traumtagebuch angefangen. Eigentlich waren das zusammenhanglose Prozesse, die am Ende doch zusammengeflossen sind.

Ich hatte immer öfter von meiner Kindheit geträumt und eines Morgens bin ich mit Tränen im Gesicht aufgewacht und hatte nur noch einen Gedanken: „Mein Vater ist schuld daran." Ich kann mich nicht einmal an den Traum erinnern, ich hatte es auch nicht aufgeschrieben, ich war viel zu emotional.

Zu meinem Glück war es an einem Wochenende und ich hatte völlige Ruhe, um darüber nachzudenken. Als ich mich einigermaßen zusammengerissen hatte, bin ich aus meinem Kinderzimmer rausgelaufen und sah meine Mutter im Esszimmer sitzen.

Ich habe mich zu ihr gesetzt und habe sie gefragt, warum sie meinen Vater damals nicht aufgehalten hat, als er mich geschlagen hatte. Ich habe sie gefragt, ob sie auch nur einmal daran gedacht hatte, ihn zu stoppen. Ich wollte wissen, ob ihr klar war, dass er damit mein Leben zerstören würde.

Meine Mutter konnte mir nicht in die Augen sehen und begann zu weinen. Ich wusste bereits zu dem Zeitpunkt, dass er auch kein guter Ehemann war, aber sie war doch eigentlich immer eine gute Mutter.

Wieso hatte sie mich damals nicht beschützt? Wieso stand sie stillschweigend daneben, während er mir Schmerzen antat? Ich war doch ihr Kind. Ihre Erstgeborene. Ihre Tochter. Ich hatte doch neun Monate in ihr gelebt, sie hat mich neun Monate mit sich getragen und hatte mich ernährt und großgezogen. Ich bin doch ihr Fleisch und Blut. Wieso hatte sie ihn nicht aufgehalten, mein Leben zu zerstören?

„Ich habe es versucht, glaub mir. Ich habe mit ihm so oft darüber gestritten, dass er das doch lassen soll. Es tut mir leid, dass ich mich nicht mehr für euch eingesetzt habe", sagte sie mir mit Tränen im Gesicht.

Es war ein sehr langes und intensives Gespräch. Ein sehr aufrichtiges und ehrliches Gespräch, bei dem sehr viele Tränen geflossen sind. Seit diesem Zeitpunkt ist meine Mutter der wichtigste Mensch in meinem Leben. Ein Mensch, der so viel Reue zeigt, muss wahrhaftig lieben.

Ich hatte meiner Mutter nie etwas vorgeworfen, ich hatte ja nicht einmal bis zu diesem Zeitpunkt begriffen, dass meine Kindheit nicht normal war. Für mich war das eben mein Alltag; ich dachte, alle Kinder wurden geschlagen und misshandelt. Ich dachte, dass das so im Leben läuft.

Prügel war für mich ein normales Wort wie Zahnbürste oder Frühstück – es war eben mein Alltag. Die Schuld für alles zu bekommen, war ebenso normal; gezwungen werden zu Dingen, die man nicht will, war normal. Andere Kinder haben abends mit ihrem Vater Fußball gespielt, ich habe im abgedunkelten Schlafzimmer mit der Gerte zehn Hiebe auf den Hintern bekommen. Das war eben meine Kindheit. Ich kannte nichts anderes.

Ab dem Zeitpunkt habe ich auch angefangen zu verstehen, weshalb ich so depressiv geworden bin und aus diesen Depressionen auch nicht hinauskam.

Ich begann zu verstehen, dass ich meine Gefühle nicht wie andere zeigen kann, und dann durfte ich am eigenen Leib erfahren, dass Frauen sich sehr wohl ihre Partner nach ihrem Vater aussuchen.

LIEBE MACHT BLIND

Ich habe Leon geliebt, weil er genauso wie mein Vater war. Genauso, wie der erste Mann in meinem Leben, der mir zeigte, was „Liebe" bedeutet.

„Du bist schuld an allem! Du dummes Miststück machst alles kaputt!", das war mein Bild von Liebe. Leon ging wegen Kleinigkeiten an die Decke. Vor allem wenn er betrunken war, musste ich immer ganz genau darauf achten, was ich tue, was ich sage und vor allem was ich anziehe.

Aber Leon hatte für meine menschenfreundliche Art absolut kein Verständnis. In seiner Welt war jeder fremde Mensch, mit dem ich auch nur einen Blick wechselte, eine potenzielle Affäre. Dabei wurde er dann immer aggressiv, entweder gegenüber mir oder der Person, die vermutlich nicht einmal irgendwelche Absichten hatte.

Er legte Gott sei Dank nie seine Hand an mir an, aber dafür hatten wir einige Löcher in Wänden, Türen und im Fußboden unserer gemeinsamen Wohnung. Und in Streitereien wählte er seine Wortwahl stets bewusst. Er dachte immer darüber nach, was er als Nächstes sagte. Nur um mich so richtig zu verletzen. Leon war ein Meister darin, das Werk meines Vaters fortzuführen, als hätte er direkt von ihm gelernt.

Und trotz all dieser furchtbaren Dinge war ich immer in der Lage, ihn in Schutz zu nehmen. Mir fielen immer gute Gründe ein, um keinen Streit anzufangen und um weiterhin mit ihm in einer Beziehung zu bleiben. Ich war Expertin darin, aus Elefanten Mücken zu machen. Leon war meine erste ernsthafte toxische Beziehung. Das Ebenbild meines Vaters.

Und irgendwann hat es dann angefangen. Nach einer gewissen Zeit verflog die rosarote Brille und die Realität holte mich ein. Wir haben uns ständig gestritten. Es waren Kleinigkeiten. Wir beide sind absolut leidenschaftliche Menschen, dementsprechend ging es ziemlich zur Sache. An dieser Stelle möchte ich mich bei allen entschuldigen, die jemals darunter gelitten haben.

Die Beziehung zu Leon in Worte zu fassen, ist schier unmöglich. Obwohl er mir gegenüber so ein Tyrann war, wäre ich sofort gesprungen, wenn er das von mir verlangt hätte. Ich hatte vom ersten Moment an bis zum Schluss Schmetterlinge im Bauch, wenn ich an ihn gedacht habe. Es war auch nicht so, dass ich irgendwann aufgehört habe, ihn zu lieben. Ich habe ihm unfassbar lange nachgetrauert und das, obwohl ich diejenige war, die die Beziehung beendet hatte. Aber genau das ist vermutlich auch das Problem an der ganzen Geschichte gewesen: Er war wie mein Vater. Nicht zu hundert Prozent gleich, eher gut genug, um zu hoffen, aber schlecht genug, um zu fallen.

Ich habe oft in Beziehungen damit zu kämpfen, dass ich hoffe, dass ich es wert bin. Mein Vater hat mir immer die Schuld für alles zugewiesen und mich nicht so geliebt, wie ein Vater das tun sollte.

Leon hat mich genauso behandelt. Er hat mir immer die Schuld für alles gegeben und hat ebenfalls cholerische Anfälle gehabt. Ich habe mich ihm komplett unterworfen und mein ganzes Leben für ihn aufgegeben. In der Hoffnung, dass ich seiner Liebe wert bin. Dass ich es wert bin, wirkliche „wahre" echte Liebe zu erhalten und zu erfahren. Zu erfahren, dass ich nicht schuld bin. Dass ich es wert bin, die Dämonen hinter sich zu lassen und nach vorne zu blicken. Sanft behandelt zu werden. Möglicherweise auch eine Entschuldigung zu hören, für die Dinge, die geschehen sind. Eine echte Entschuldigung.

Ich schätze, deswegen war ich auch so lange mit Leon in einer Beziehung. Er entschuldigte sich regelmäßig, mit Tränen im Gesicht. Er meinte es ernst und ich sah auch immer wieder diese Reue in seinen Augen. Es tat ihm leid und er wollte wirklich an sich arbeiten. Nur hatte ich leider keine Geduld mehr.

Unsere Beziehung ging in dem Moment zu Brüche, als ich ihm nach etwas mehr als einem Jahr sagte, dass er schuld daran sei, dass alles den Bach runtergehen würde. Ich hatte in diesem

Moment den Spieß einmal umgedreht und sagte ihm genau die Worte, die ich bereits unzählige Male von ihm gehört hatte. Er konnte damit nicht umgehen. In diesem Moment nahm ich ihm ein wenig die Kontrolle über mich und mein Leben. Für diesen Mann habe ich alles aufgegeben. Ich hatte mit meinem Studium angefangen, obwohl ich reisen wollte. Dennoch habe ich mich dann auf die beste Zeit meines Lebens als Studentin gefreut. Als Student erlebt man immerhin wunderbare Zeiten, wilde Partys, viele Freundschaften. Aber ich hatte nichts. Ich hatte einen Traummann, der rasend vor Eifersucht war. Das ist absurd. Ich hatte mein Handy selten in seiner Gegenwart in der Hand. Er hat sofort gedacht, dass ich ihm fremdgehe und gerade mit einem Mann irgendwelche versauten Nachrichten ausgetauscht habe.

Ich wollte ihm auf Teufel komm raus gefallen und ihn ja nicht zur Weißglut treiben – möglicherweise wollte ich auch einfach nicht wieder beschuldigt und angeschrien werden –, also habe ich jedes Mal, wenn er auf der Toilette war, schnell auf Nachrichten geantwortet.

Manchmal war ich zu langsam, da sah er dann, wie ich schuldig das Handy schnell weggelegt habe. Natürlich spricht dieses Bild Bände, vermutlich hätte ich an seiner Stelle auch etwas anderes gedacht. Aber leider war das das Ergebnis seiner rasenden Eifersucht. Mich hat man zu dem Zeitpunkt nur an der Uni erreicht, oder wenn er nicht in der Wohnung war. Da er sehr besitzergreifend war, waren das also sehr kurze Zeitfenster.

Es ist rückblickend betrachtet einfach nur absurd. Wie kaputt muss die Psyche eines Menschen sein, um sich freiwillig von so einem Menschen abhängig zu machen? Erst alles zerstören, dann mich wieder auffangen, um mich abhängig zu machen. Toxischer kann eine Beziehung gar nicht sein.

Das ist so ungesund. Und dennoch habe ich diesen Mann bisher mehr geliebt als jeden anderen in meinem Leben. Ich kann das nicht so richtig in Worte fassen. Das ist absolut verrückt. Das ist jetzt schon viele Jahre her, aber keiner hat solche Emotionen in mir hervorrufen können wie er. Er hat inzwischen ein Haus gekauft und hat ein Kind. Und ich denke manchmal noch an ihn. Er hat mir die Art von Liebe gegeben, die ich kenne. Mein Gehirn wurde falsch programmiert. Die Art von Liebe, die ich kenne, ist genau diese toxische und zerstörerische Art. Doch wie schafft man es, sein Gehirn umzuprogrammieren? Wie lässt man 20 Jahre der falschen Programmierung verschwinden? Löschen? Überschreiben? Deinstallieren? Wie funktioniert das?

Meine Programmierung war also wie folgt: „Liebe mich und ich antworte dir mit Gewalt." Unbewusst habe ich mir Schläger- und Cholerikertypen als Partner ausgesucht und gleichzeitig selbst keine Liebe gezeigt.

Leon war mein König und ich war seine Königin. Wir haben uns sogar ein entsprechendes Partnertattoo stechen lassen, zwei Monate bevor das erste Mal Schluss war. Ich bereue das auch nicht. Im Gegenteil, wenn es um Partnertattoos geht, zeige ich meins sogar stolz. Natürlich denke ich an ihn, wenn ich darauf schaue, es ist auch nicht gerade klein oder an einer unauffälligen Stelle. Aber ich bin einfach nur dankbar. Denn dieses Tattoo erinnert mich immer wieder daran, wer ich mal war und wer ich heute bin. Und dass ich aus jeder Krise wieder stärker rauskomme. Ich muss es nur zulassen. Ich muss darüber nachdenken, alles reflektieren, heulen, schreien, rennen, kämpfen …

Ich habe lange gebraucht, um über ihn hinwegzukommen. Sehr lange. Ich habe sogar zweimal mit ihm Schluss gemacht, bevor es dann wirklich zu Ende ging. Und selbst dann habe ich noch zwei Jahre keinen mehr so nah an mich rangelassen wie ihn. Und das nach gerade mal anderthalb Jahren Beziehung. Ich hatte lange daran zu kauen.

Da gab es viel zu verarbeiten, unfassbar viel. Aber dann habe ich verstanden, dass nur ich selbst mir helfen kann. Jeder hat nämlich seinen eigenen Kampf zu kämpfen. Man sollte nicht auch noch andere für seinen Kampf verantwortlich machen. Ich bin ein ganzer Mensch und keine Hälfte von jemandem.

SCHLIMMER ALS DIE TRENNUNG VON KANYE UND KIM

Die Scheidung meiner Eltern fand während meiner Beziehung mit Leon statt und hat mich stark geprägt. Ich weiß noch genau, wie ich immer stolz erzählt habe, dass meine Eltern glücklich verheiratet sind. Das war etwas Besonderes, das gab es in meinem Umfeld nahezu nicht. Die meisten Eltern waren bereits getrennt. Mein Vater hat meine Mutter oft in seiner Mittagspause angerufen und manchmal habe ich bei diesen Gesprächen gelauscht. Meine Mutter wirkte dann immer wie ein frisch verliebter Teenie, und das nach über zehn Jahren Ehe.

Man muss sich das einmal vorstellen: Meine Mutter hat mit 18 geheiratet und ist dann meinem Vater und seiner Familie nach Deutschland nachgereist. Aufgrund der Hochzeit entstanden einige bürokratische Hindernisse, weshalb sie nicht sofort mit konnte. Und so war mein Vater mit seiner Familie bereits in Deutschland.

Nach ein paar Monaten ist meine Mutter mit 18 dann ganz allein von Kasachstan nach Deutschland gezogen. In ein fremdes Land, mit einer fremden Kultur und einer unverständlichen Sprache. Ich weiß nicht, ob ihre Liebe damals wirklich so stark war. Oder ob sie es einfach getan hat, weil Frauen alles tun müssen, was der Mann sagt.

So oder so war es eine enorme Herausforderung. Ich will mir nicht einmal vorstellen, was in ihr vor sich ging. All die Gedanken über ihre Familie, die sie verlassen hat. Heutzutage ist der Kontakt über eine solch weite Strecke dank dem Internet kein Problem mehr. Aber damals war die Kommunikation mit einer Brieftaube vermutlich am effektivsten gewesen.

In Deutschland angekommen dauerte es auch nicht lange und sie wurde mit mir schwanger. Ich habe meine Mutter für diesen mutigen Schritt immer sehr bewundert. Wie stark ihre Liebe doch gewesen sein musste. Ich bin eben eine hoffnungslose Romantikerin und diese Vorstellung war unglaublich schön.

Mein Vater kaufte ihr auch regelmäßig Blumen, die sie dann immer auf den Esstisch gestellt hat. Und das auch noch nach 15 Jahren Ehe. Sie waren perfekt. Im September haben sie sich kennengelernt, das weiß ich bis heute noch, weil meine Mutter an diesem Tag immer einen Kuchen gebacken hat.

Es waren 20 Jahre perfekte Ehe voller Liebe, Träume und Stärke. Und dann war das alles auf einmal vorbei. Meine Mutter hatte keine Kraft mehr und damit zerfiel das gesamte hart erarbeitete Konstrukt. Der Damm bekam Risse und das Wasser war nicht mehr aufzuhalten. Das Chaos kam hervor.

Eigentlich hat sich nicht wirklich etwas an der Beziehung verändert, mein Vater wurde nicht schlimmer oder Ähnliches. Meine Mutter hatte einfach keine Kraft mehr. Das war der ausschlaggebende Punkt. Sie konnte nicht mehr so tun, als wäre alles perfekt. Und so kam der Teufel hervor.

Ich habe in dieser Phase kaum Zeit für mich gehabt. Ich hatte mein FSJ angefangen und bin nach der Arbeit direkt nach Hause und habe mich um sie gekümmert. Ich habe ihr nur zugehört und war da. Ich habe nicht einmal versucht zu schlichten, ich wollte nur, dass es beiden gut geht.

Ich war immerhin *daddy's little princess*. Ich war sogar bereit, mit ihm zusammenzuziehen, weil ich wusste, dass meine Mutter das alles schaffen würde. Sie war stark, aber ich machte mir Sorgen um meinen Vater. Er konnte keine Wäsche waschen, kochen oder Rechnungen bezahlen. Sein Deutsch war miserabel und ansonsten würde er allein einfach nicht in dieser Welt zurechtkommen. Meine Mutter würde das hinkriegen, mein Vater aber nicht.

So sehr habe ich ihn geliebt. Immer noch, obwohl bereits all diese Dinge ans Licht kamen. Er hat viele Grenzen bei seinen Kindern überschritten und bei seiner Ehefrau noch deutlich mehr. Und dennoch blieb ich bei ihm. Ich war seine kleine Prinzessin. *Ich war doch seine Tochter.*

Ich stand auf seiner Seite und trotzdem habe ich meine Mutter zum Scheidungsanwalt gedrängt. Ich war für sie da, gab ihr meine Schulter zum Ausweinen und hielt sie fest in den Armen. Sie hat mich oft genug gehalten, da war ich ihr das schuldig. Dieses Mal kümmerte ich mich um die Familie.

Ich rutsche oft in solche Situationen hinein. Ich habe oft das Gefühl, dass ich die Einzige bin, die alles noch zusammenhält. Ich bin inzwischen eine Expertin darin geworden, meine Gefühle komplett auszuschalten und zu schauen, dass es allen gut geht und die Situation deeskaliert wird. In Stresssituationen blühe ich erst so richtig auf.

Ich hatte nicht wirklich die Zeit oder die Kraft zu diesem Zeitpunkt, mich mit dem Thema Scheidung auseinanderzusetzen. Für mich sah die Situation eher folgendermaßen aus: Zwei mir wichtige Menschen haben eine Beziehungskrise. Beiden geht es nicht gut, sie können sich gegenseitig nicht das geben, was sie brauchen. Die einzige vernünftige Lösung ist hier die Trennung.

Dass es sich hierbei um meine Eltern, mein perfektes Traumpaar handelt, habe ich lange erfolgreich verdrängt. Es kam dann schleichend, als meine Mutter schon stabilisiert war und mein Vater nicht mehr zuhause gewohnt hat.

Als ich dann mit dem Ebenbild meines Vaters zusammengezogen bin und Angst hatte, dass ich von ihm schwanger sein könnte – dann kam das kaputte Verhältnis meiner Eltern bei mir an. Man darf niemals die Macht der Verdrängung unterschätzen. Ein Jahr lang war in meiner Welt alles irgendwie in Ordnung. Ein ganzes Jahr habe ich mich nicht damit auseinandersetzen wollen, dass mein perfektes Paar gerade zerbricht. Dass das alles nur vorge-spielt war, dass es alles andere als perfekt oder gar Liebe war. Dass meine Eltern das Paradebeispiel einer toxischen, unglücklichen Ehe waren und nicht eine Ehe, zu der man voller Stolz sagen konnte: „Meine Eltern lieben sich immer noch."

Das hat einiges durchgerüttelt bei mir. Ich habe in diesem Jahr immer wieder öfter bemerkt, was für Spuren die Misshandlungen meines Vaters bei mir hinterlassen haben. Und natürlich habe ich darüber mit Leon gesprochen. Er hatte auch enorm viel Verständnis für die Dinge. Dass er aber genauso ist wie er, habe ich lange nicht sehen wollen.

UND ERNEUT GRÜSST MICH DER TOD

Dadurch, dass ich viele Dinge verdrängt habe, wollte ich auch lange keine Hilfe annehmen, was meine Depressionen betrifft. Ich hatte das erste Mal nach einem schlimmen Autounfall bei unterschiedlichen Psychologen angerufen.

Denn das Ding mit dem Verdrängen ist großer Mist. Ich habe während meines Studiums sehr viel verdrängt. Mein Alltag sah dann nämlich so aus, dass ich morgens um sechs Uhr aufgestanden bin, um dann zur Uni zu gehen.

An kurzen Uni-Tagen bin ich danach noch zu meinem Job in der Ganztagsbetreuung an der Grundschule gegangen. Da war ich dann immer bis um 16 Uhr und bin danach meistens noch in meinen anderen Nebenjob im Einzelhandel gegangen. Bis ich von dort nach Hause gekommen bin, war es meistens schon 21 Uhr. Natürlich habe ich dann noch Dinge für die Uni erledigt und so hat der neue Tag schon oft angefangen.

Ich habe während meiner Zeit an der Hochschule neben all diesen Dingen trotzdem noch Zeit für Freunde und Familie gefunden. Ich habe mir Katzen geholt, hatte Hobbys – kurz zusammengefasst bin ich meinen Problemen absolut aus dem Weg gegangen. Mein größtes Problem während meiner Zeit an der Uni war, dass ich mir nicht ganz eingestehen wollte, dass Leon und mein Vater so viel gemeinsam hatten.

Ich habe damals schon von mir behauptet, dass ich ziemlich bewusst unterwegs bin und dass es mir eigentlich relativ gut geht.

So im Nachhinein betrachtet, war ich einfach nur super im Verdrängen. Ich hatte nämlich durchaus sehr dunkle Phasen. Vor allem nachts, wenn ich mich dann wirklich mit mir selbst auseinandersetzen musste. Wenn ich allein war, ohne meine ganzen

Ablenkungen. Genau zu diesem Zeitpunkt kamen die Dämonen hoch. Und ich hatte keine Chance.

Denn das, was ich getan habe, war, die Dämonen wieder zur Seite zu schieben. Ich habe mich in den Schlaf geweint, habe vielleicht den einen oder anderen Gedanken in mein Tagebuch geschrieben, um wenigstens irgendwie damit klarzukommen, und habe am nächsten Tag so getan, als ob nie etwas passiert wäre. Am nächsten Tag ging alles seinen gewohnten Weg. Niemand meiner Freunde, die mir ihre Hilfe angeboten hatten, hat auch nur ein Wort davon mitgekriegt. Man muss ja stark sein. Und man hat ja keine Probleme. Man verdrängt sie lieber.

Das hat auch so ganz gut funktioniert bis zu dem Punkt, als mir alles genommen wurde. Es war der 20. Juli 2017.

An diesem Tag hetzte ich wie immer von Termin zu Termin und war am Abend schließlich auf dem Weg zu meiner Bandprobe.

Damals bin ich einen Mini Cooper gefahren. Ich habe ihn „meine Dame" genannt. Ich habe von diesem Auto geträumt, seit ich ein kleines Mädchen war. In Rot, mit schwarzen Rallyestreifen. Es war einfach mein Traumauto, und sie war von absolut hohem emotionalen Wert für mich. Ich muss hier kurz ausholen, damit man das Ausmaß von diesem Tag wirklich verstehen kann:

Nach der Trennung mit Leon habe ich erst angefangen, für mich zu leben. Und da war es das Größte für mich, mir diesen Traum von diesem Auto zu erfüllen. Ich habe das Auto geliebt.

Ich war jedes Mal so stolz auf mich, wenn ich dieses Auto angeschaut habe, weil ich es geschafft hatte. Es war für mich ein Zeichen dafür, dass ich mein Leben sehr wohl nach meinen Wünschen ausrichten darf. Dass es in meinem Leben um mich geht. Und dass ich niemals wieder die Bedürfnisse anderer so über meine stelle.

Ich war also auf dem Weg zur Probe, als ein Dachs die Straße überquerte, mich zum Ausweichen zwang und zum Schleudern brachte. Zweimal konnte ich das Auto noch fangen und ich war richtig stolz auf mich. Ich war tiefenentspannt für eine solch brenzlige Situation. Ich war absolut sicher, dass ich es das dritte Mal auch noch fangen würde. Total überzeugt von mir und meinen Fahrkünsten lenkte ich dagegen. Hochmut kommt vor dem Fall und mein Auto bretterte schließlich durch einen Zaun. Aber noch nicht genug, denn hinter dem Zaun war eine Böschung.

Ich war immer noch tiefenentspannt, als ich auf den Zaun zuraste. Erstaunlicherweise verlangsamte sich die Zeit um einiges. Ich wusste ganz genau, dass ich sterben würde. Das war auch vollkommen in Ordnung für mich. Ich hatte mit allem abgeschlossen. Da war keine Trauer über verpasste Chancen, hinterbliebene Menschen, unerfüllte Träume. Kein Abspann meines Lebens, der wichtigsten Momente oder sonst irgendwas. Es war einfach eine tiefe Leere. Eine Leere, die sich absolut okay angefühlt hat.

Gar nichts. Es war weder schlecht noch gut. Es war einfach eine angenehme Leere. Eine friedliche Leere. Ich hatte abgeschlossen mit dem Leben und das war okay so.

Ich werde nie vergessen, wie ich dann doch aufgewacht bin und kopfüber in meinem Auto hing. Ich war absolut orientierungslos und mehr als verwirrt. Ich hätte doch sterben sollen. War das der Himmel, die Hölle oder doch die Realität?

Ich öffnete die Augen, stellte fest, wo oben und unten ist und habe mich abgeschnallt. Das nächste Bild zeigt mich auf meiner Windschutzscheibe, wie ich voller Panik versuche, die Fahrertüre aufzumachen. Ich war nämlich der felsenfesten Überzeugung, dass das Auto gleich explodieren würde. Die Fahrertüre ging nicht auf. Absolut panisch habe ich dann die Beifahrertür aufgetreten, bin rausgekrochen und einfach nur weggerannt. Mir war in dem Moment egal wohin, Hauptsache, weg vom Auto.

Ich bin nicht weit gekommen, da hat sich meine Vernunft bei mir gemeldet. *Autos explodieren nur in Filmen.* Schnell kam mir ein Satz aus der ersten Hilfe, dass man bei Unfällen voller Adrenalin steckt und man deshalb schwere Verletzungen nicht mitbekommt. Also habe ich mich einmal geohrfeigt, bin stehen geblieben und habe mich komplett von oben bis unten abgetastet. Bis auf ein paar kleinen Schrammen und blauen Flecken ging es mir gut.

Ich bin dann zurück zu meinem Auto gelaufen, bin reingekrochen und habe mein Handy und meine Brille rausgeholt. Als Erstes habe ich den Notruf angerufen. Nachdem das Wichtige erledigt war, habe ich meine Bandkollegen angerufen. Ich benutzte die Worte: „Macht euch keine Sorgen, ich komme nicht zur Probe. Ich hatte gerade einen Autounfall, und mein Auto liegt auf dem Dach."

Macht euch keine Sorgen. - Jeder normale Mensch macht sich bei so einem Satz Sorgen.

Als die Polizei angekommen war, haben sie mir ein paar Fragen gestellt und gesagt, was für einen Abschlepper ich brauche. Ich habe mich dann noch darum gekümmert, den Abschlepper selbst anzurufen, während die Polizisten Fotos vom Unfallort gemacht haben. Der Krankenwagen war auch schon da, meine Bandkollegen, eine ehemalige Schulkameradin, die zufälligerweise über den Weg gefahren ist, und sogar der Sohn meiner ehemaligen Physiklehrerin, der Sanitäter ist und zivil unterwegs war. Gott sei Dank waren alle an meiner Seite zu dem Zeitpunkt. Ich wollte nämlich nicht ins Krankenhaus und wurde von dieser Menschenmenge überstimmt.

Es dauerte wahrscheinlich eine Stunde, bis ich im Krankenwagen war und erst den Mut gefunden hatte, meine Mutter anzurufen. Ich hatte einen Kloß im Hals, als ich sie angerufen habe. Ich hatte so ein schlechtes Gewissen, dass ich ihr so eine Nachricht übermitteln muss und sie sich definitiv Sorgen machen wird. Ich hatte so ein schlechtes Gewissen, dass ich ihr zur Last fallen werde. Ich wollte nicht, dass es ihr schlecht geht wegen mir.

Ich musste mich zusammenreißen. Ich musste mich wirklich zwingen, sie überhaupt anzurufen.

Im Krankenhaus wurde ich untersucht. Man stellte ein Schädel-Hirn-Trauma fest. Ich hatte eine Beule auf dem Kopf, die so groß war wie meine Handfläche. Die Ärzte hatten die ganze erste

Nacht die Sorge, dass ich eine Hirnblutung bekommen könnte. Ich wurde jede halbe Stunde aufgeweckt, um meine neurologischen Fähigkeiten zu testen. Ich nehme es den Ärzten nicht übel, aber nach so einem Erlebnis möchte man einfach nur schlafen. Es war daher eine furchtbare Nacht für mich.

Am nächsten Tag wurde mir mein Arzt vorgestellt. Er ließ mich nochmal untersuchen, weil ich über starke Rückenschmerzen geklagt hatte. Innerhalb von einer Stunde stellte er einen Wirbelbruch im Brustbereich fest. Das war die Art von Bruch, die zwei Wirbel einfach zertrümmert hat. Ein sogenannter Kompressionsbruch.

Man sagte mir, dass die Splitter sehr günstig liegen und aktuell noch keine wichtigen Nerven berühren würden. Dementsprechend war eine Operation zu dem Zeitpunkt nicht notwendig. Ich sollte aber die nächsten Monate sehr darauf achten, wie ich mich bewege, was ich mache, was ich trage, wie ich aus dem Bett aufstehe, wie ich laufe, im Prinzip wie ich lebe, weil sich die Splitter sonst ungünstig verschieben könnten. Im schlimmsten Fall bedeutet das für mich, dass ich im Rollstuhl enden könnte.

Das war mein Todesurteil. Wie sollte ich mit Kindern arbeiten? Wie sollte ich mit ihnen wieder toben und spielen? Wie sollte ich mit ihnen auf Augenhöhe kommunizieren? Wie sollte ich von Job zu Job hetzen? Wie sollte ich meinen Haushalt machen? Den Müll rausbringen? Einkaufen gehen? Aus dem Bett aufstehen? Wie sollte ich *leben*?

Selbstständig und unabhängig sein zu können, sind bereits von Geburt an die wichtigsten Dinge für mich. So habe ich schon angefangen, mit acht Monaten zu laufen und zu sprechen. Auf Windeln habe ich schon mit anderthalb Jahren verzichtet. Ich bin die höchsten Rutschen allein hochgeklettert, habe alles immer allein machen wollen. Von Geburt an. Und jetzt sollte ich möglicherweise im Rollstuhl enden? Und genau das alles verlieren? Auf einmal abhängig werden von zig Menschen? Nie wieder allein Dinge erledigen können?

Ich wünschte, ich wäre an Ort und Stelle gestorben, als ich diese Diagnose bekam. Ich wollte das nicht. Ich wollte dieses Risiko nicht. Ich wollte einfach nicht kämpfen. Denn wenn ich diesen Kampf verlieren würde, würde ich alles verlieren. Das Risiko war mir viel zu hoch.

Für einen Menschen mit tausend Hummeln im Hintern war das ungefähr so, als würde man mir Arme und Beine wegnehmen. Und zwar sofort. Mir war durchaus bewusst, dass ich mein Leben so nicht weiterführen konnte. Hätte ich mir weiter denselben Stress angetan wie vor dem Unfall, will ich nicht wissen, wo das geendet hätte.

Die Zeit danach war furchtbar für mich. Mein Kurzzeitgedächtnis hat sehr stark gelitten, ich konnte mich teilweise an Gespräche nicht erinnern. Manche Gesprächsthemen und Gesprächspartner habe ich auch vertauscht. Und zusätzlich durfte ich noch einen Anwalt suchen und mich mit meiner Versicherung herumschlagen. Denn obwohl Tierunfälle mitversichert waren, wollten sie natürlich nicht zahlen.

Da war ich also: meine Dame, die mein Symbol für meine Träume war: Totalschaden; ich: ein absolutes Wrack, mit der ständigen Angst, eine falsche Bewegung zu machen und querschnittsgelähmt zu sein.

Ich, die immer einen auf stark gemacht hat, sollte jetzt Hilfe annehmen? Die, die alles allein gemacht hat, nie um Hilfe gebeten hat, war jetzt auf Hilfe angewiesen. Die, mit den Hummeln im Hintern hat jetzt Bettruhe, und hat zweimal täglich ein Schläfchen von mindestens einer Stunde gemacht, weil ihr Kopf von kurzen Gesprächen absolut erschöpft war.

Ganz ehrlich, ich weiß bis heute nicht, wie ich das geschafft habe. Was den Versicherungsstreit angeht, so habe ich alles aufgeschrieben. Schon im Krankenhaus habe ich angefangen, den genauen Sachverhalt vom Unfall zu dokumentieren. Und so habe ich jeden Anruf protokolliert und eine Zeitachse geführt, wann ich welche E-Mail an wen geschickt habe. Anders konnte mein Gehirn sich diese Dinge nicht merken. Es hat Wochen gedauert, bis es wieder normal funktioniert hat und ich darauf verzichten konnte, für alles Zettelchen zu benutzen.

Es war eine Qual für mich. Ich kannte die Geburtstage von all meinen 700 Facebook-Freunden auswendig. Und zu dem Zeitpunkt konnte ich mir nicht einmal merken, was ich vor zehn Minuten getan hatte.

Ich wurde gezwungen, runterzufahren. Das Leben hat mir Stopp gesagt. Und da kamen die Probleme alle hoch. Mein Gehirn hat nicht funktioniert, so hatten die Dämonen keine Mauern mehr und sind einfach frei gewesen. Die haben in meinem Kopf eine richtige Party veranstaltet. Da war ja niemand mehr, der sie bewusst verdrängen konnte. Sie hatten sturmfrei und ich hatte auch keine Kraft, um sie mit irgendwelchen Ablenkungen beiseitezuschieben.

Und so kam es, dass mein Leben sich radikal verändert hat.

ES IST SO WEIT, ICH BIN OFFIZIELL VERRÜCKT

Ich habe aufgrund von richtigen Kleinigkeiten Nervenzusammenbrüche bekommen. Es waren echte Panikattacken. Wegen lächerlichen Mücken. Und das Schlimmste daran war, dass, sobald ich meine Augen geschlossen hatte, egal ob ich geweint, genießt oder geschlafen habe, ich wieder wie bei meinem Unfall kopfüber hing. Jedes Mal hatte ich wieder dieses Bild von mir, wie ich orientierungslos im Auto hänge und panisch raus möchte. Jedes Mal. Beim Einschlafen, beim Niesen, beim Husten, beim Versuch zu entspannen, beim Weinen, wirklich jedes Mal, sobald es dunkel wurde.

Ich konnte zu diesem Zeitpunkt nicht mehr. Ich war ein Wrack, weil ich über zwei Jahrzehnte so viel verdrängt hatte und jetzt alles hochkam.

Nach etlichen Nervenzusammenbrüchen beschloss ich dann, einen Psychologen aufzusuchen. So konnte er mir wenigstens Schlaftabletten verschreiben und ich könnte wieder etwas zu Kräften finden.

Es war sehr schwierig, einen Psychologen zu finden, der noch Platz hatte. Einer sagte mir direkt, dass er nur einen Platz für einen Termin im Monat hätte. Mehr könne er derzeit nicht anbieten. Das war immerhin besser als nichts.

Ich kam zu unserem ersten Termin, so wie ich immer das Haus verließ: In einer hellen Bluse, die Haare zusammengebunden, dezentes Make-up und hohe Schuhe.

Wir unterhielten uns und ich war zu Beginn nicht ganz so ehrlich zu ihm. Ich erzählte ihm von dem Autounfall und den Problemen, mit denen ich seither zu kämpfen hatte: Schlafmangel, Anspannung, Frust, Reizbarkeit, Lappalien eben.

Und irgendwann musste ich mich selbst bremsen, weil ich nicht wegen Lappalien einen Psychologen brauchte. Ich brauchte einen wegen echten Elefanten.

„Wissen Sie, mein Problem ist eigentlich ein ganz anderes. Ich habe schon öfter versucht, mir das Leben zu nehmen. Und als ich meinen Autounfall hatte, war es ganz merkwürdig. Ich wusste, dass mein Leben jetzt zu Ende sein würde, als ich die Kontrolle von meinem Auto verlor. Ich sah den Abgrund vor mir und ich wusste, dass ich das jetzt nicht überleben würde. Das Leben zog nicht an mir vorbei, ich hatte nicht an meine Familie oder Freunde gedacht. Es war okay. Wissen Sie, es war vollkommen in Ordnung, jetzt zu sterben. Ich war zufrieden mit dieser Tatsache, mir war sogar wohlig warm, ich hatte den Tod mit offenen Armen empfangen. Und die Tage danach hatte ich mir so sehr gewünscht, dass ich tatsächlich gestorben wäre. Ich wollte mich nicht mit der Versicherung wegen der Summe streiten, ich hatte auch kein Geld für ein neues Auto. Ich wollte nicht, dass meine Mutter dafür ihr hart verdientes Geld ausgibt. Ich habe so vielen Leuten so viele Umstände gemacht, die täglichen Besuche im Krankenhaus, meine Nachbarn, die meine Wocheneinkäufe erledigt haben. So viele Menschen, denen ich so viele Umstände bereitet habe. Ich wünsche mir so sehr, dass ich einfach gestorben wäre. Und wenn ich jetzt im Auto sitze, habe ich immer öfter das Bedürfnis, irgendwo dagegen zu fahren – und dieses Mal würde ich es richtig machen, damit es wirklich vorbei ist. Ich dachte, ich wäre schon weiter. Ich dachte, ich würde Fortschritte machen und wäre bereits auf dem Weg raus aus den Depressionen. Und dann kam dieser Unfall, der meine Todessehnsucht wieder weckte." Ehrlicher konnte ich zu ihm nicht sein.

Mein Psychologe war perplex. Er antwortete mir: „Wissen Sie, ich hatte am Anfang gedacht, dass Sie eine junge selbstbewusste Frau sind, die einfach ein paar Schwierigkeiten hat. Ich dachte nach der ersten halben Stunde, dass der monatliche Termin Ihnen vollkommen reicht. Ich möchte Sie jetzt aber bitte zweimal wöchentlich sehen und wir gehen das ganze Thema an."

Ich war schon immer der Meinung, dass Ehrlichkeit das Wichtigste auf der Welt ist. Aber ich schätze, in diesem Fall hat mir die Ehrlichkeit mein Leben gerettet. Ich hatte um Hilfe gebeten und dieser Mann konnte mir nur dann helfen, wenn ich vollkommen ehrlich zu ihm und auch zu mir war. Also kehrte ich mein Innerstes vor ihm nach außen. Einem völlig fremden Menschen, der dafür auch noch von meiner Krankenkasse bezahlt wird.

Bei den Sitzungen ging es am Anfang viel um den Autounfall, später dann um mein wahres Problem: meine Kindheit und die Beziehung zu meinem Vater.

Die verschriebenen Schlaftabletten habe ich immer seltener genommen, vor allem als ich vier Monate später bei einer Kontrolle die Sicherheit vom Arzt bekommen habe, dass alles gut verheilt ist und ich keine Angst mehr haben muss, dass sich da etwas verschieben könnte. Ich habe vor Erleichterung geheult.

Die Rückenschmerzen waren natürlich noch da und ich war oft krankgeschrieben deswegen, aber ich habe dennoch mein Praxissemester durchgezogen und zumindest den Job mit den Kindern behalten. Ich habe öfter auf meinen Körper gehört und mir die Vorfahrt gegeben. Wäre dieser Unfall nicht passiert, hätte ich mir niemals Hilfe gesucht. Sich selbst das Leben versuchen zu nehmen und aufgrund von externen Umständen fast zu sterben, sind einfach zwei unterschiedliche Dinge.

Ich habe mir so sehr gewünscht, dass ich einfach gestorben wäre. An Ort und Stelle. Dann hätte sich niemand Sorgen machen müssen, meine Nachbarn hätten mir nicht im Alltag helfen müssen. Ich hätte weiterhin noch für meine Freunde da sein können. Mein Vater hätte keinen Kredit aufnehmen müssen, um mir ein neues Auto zu holen. Meine Arbeitsstelle hätte keinen Ersatz suchen müssen. So furchtbar viele Schuldgefühle gegenüber so vielen unterschiedlichen Parteien. Und nicht eines war mir selbst geschuldet.

2 0 - 0 7 - 2 0 1 7

Jedes Jahr am 20. Juli erinnere ich mich an diesen Unfall, der alles veränderte. Ich habe es am Anfang als eine Art „Wiedergeburt" versucht zu betrachten. Mein erster Jahrestag war wirklich eine pure Herausforderung für mich. Ich war noch mitten im Heilungsprozess – seelisch gesehen. Ich war in einer Beziehung zu dem Zeitpunkt und war über den Halt, den ich bekommen habe, sehr dankbar.

Vor allem weil meine damalige beste Freundin Lisa einfach nicht da war. Wir hatten uns kurz vorher so böse gestritten und ich war es ihr nicht wert. Sie konnte nicht über ihren Schatten springen, um für mich da zu sein. Das war eine Lektion für mein Leben. „Verlasse dich niemals auf andere, du kannst dich nur auf dich selbst verlassen." Das war eine schmerzhafte Lektion.

Dieser Unfall hat mir so dermaßen viel beigebracht. Es hat mich einfach zur Veränderung gezwungen. Natürlich hätte ich auch daran endgültig zerbrechen können. Es war vermutlich meine härteste Probe, und gleichzeitig der größte Tritt in den Hintern, den man nur bekommen kann.

Ich bin überaus dankbar und froh darüber. Leicht war es definitiv nicht – vor allem aufgrund meiner Finanzen. Hätte ich ein gutes finanzielles Polster gehabt oder gut verdienende Eltern, dann wäre mir das alles eventuell etwas leichter gefallen. Aber dann hätte ich bestimmt nicht so viele wertvolle Lektionen lernen dürfen.

Dieser Unfall am 20. Juli 2017 war der entscheidende Wendepunkt in meinem Leben. Ich habe zwei Tätowierungen auf mir, die mich für immer an diesen Tag erinnern werden. Ich habe mir einmal die Schachfigur „Dame" stechen lassen. Ich bin meinem Auto nämlich absolut dankbar, auch wenn sich das absurd anhört.

Aber hätte ich jedes Mal einen Euro bekommen, wenn ich den Satz „In einem anderen Auto wärst du genauso ein Trümmerhaufen wie das Auto selbst gewesen" gehört habe, wäre ich jetzt schon reich.

Auch wenn viele sagen, dass es doch nur ein Auto war. Aber für mich war mein Mini Cooper mehr als nur ein Auto. Ich bin wirklich dankbar, dass ich zu diesem Zeitpunkt dieses Auto gefahren bin. Witzigerweise wollte ich schon immer einen Mini Cooper, seit ich ein kleines Mädchen war. Wer weiß, vielleicht gibt es im Leben ja schon vorgeschriebene Geschehnisse und ich hatte einfach so eine Vorahnung darüber? Ja, das ist ein großer Streitpunkt. Vielleicht ist auch alles nur Zufall. Wer weiß das schon. Es ist aber ein schöner Gedanke, wenn man einfach auf alles vertrauen kann.

Mein zweites Tattoo für diesen Tag habe ich mir zu meinem ersten Jahrestag stechen lassen. Es ist das Linkin-Park-Symbol mit einem Semikolon. Wie poetisch, oder nicht?

Ich werde oft darauf angesprochen, es befindet sich auch bei mir im Nackenbereich und ist direkt über meinen auffallend großen Engelsflügeln zu sehen. Ich bin auch ein großer Linkin-Park-Fan, keine Frage. Aber dieses Tattoo ist so viel persönlicher als nur ein „Fan-Tattoo".

Es ist erstaunlich, Chester Benningtons Selbstmord ging viral. Alle Medien waren voll davon. Und ich war an dem Tag so dermaßen beschäftigt mit meinen tausend Tätigkeiten und Ablenkungen, dass ich das erst im Krankenhaus von einer Freundin erfahren habe. Es war eher nach dem Motto „Chester hat sich heute das Leben genommen und jetzt hast du auch noch diesen Unfall! Mein Tag ist heute gelaufen".

Ich konnte das noch nicht einmal begreifen. Meine erste Reaktion war ein lautes, absurdes Gelächter. Ich war beleidigt, weil ich jetzt jedes Jahr an diesen Vorfall erinnert werden würde, egal ob ich wollte oder nicht. Für mich war es lange der schlimmste Tag in meinem Leben. Sehr lange. Auch wenn ich es nicht zugeben wollte und die Starke gespielt habe.

Der erste Jahrestag war die Hölle für mich. Der zweite und dritte sind an mir vorbeigegangen. Da habe ich in den Medien vom Jahrestag von Chester Beninngtons Selbstmord gehört und mir kurz auf die Schulter geklopft à la „Gut gemacht, du lebst noch".

Der Tag war mir einfach nicht mehr präsent, weder positiv noch negativ. Es war einfach ein normaler Tag – mehr nicht.

Der vierte Jahrestag war wie mein zweiter Geburtstag. Ich hatte es endlich begriffen. Ich hatte endlich den Schmerz überwunden und verstanden, was dieser Unfall mir beigebracht hat und welches Glück ich doch hatte.

Seitdem ist dieser Tag für mich ein Symbol für das Schicksal und vor allem für Dankbarkeit. Fakt ist nämlich, dass ich ohne diesen Unfall definitiv nicht eingesehen hätte, dass ich alleine nicht zurechtkomme. Dass ich Hilfe brauche und es auch okay ist. Es ist in Ordnung, wenn man nicht immer die Starke ist und in jeder Sekunde für alle anderen da ist. In meinem Leben bin ich die Hauptrolle, der Regisseur, der Drehbuchautor und der einzige Zuschauer. Es ist also meine Aufgabe zu schauen, dass mir die Story gefällt. Passt mir etwas nicht, sollte ich die Story ändern, andere Schauspieler ersetzen oder sonst irgendwas tun.

Mein Leben, meine Gefühle, mein eigener Wert. Das alles ist so enorm wichtig. Wichtiger als alles andere auf der Welt. Und wenn sich das für dich egoistisch anhört, dann hast du die Selbstliebe nicht begriffen. Dann solltest du dich wirklich mit deinen verdrängten Themen auseinandersetzen und ganz genau auf dich hören.

Denn nur, wenn du dich wirklich selbst wertschätzt, verstehst du, dass du das Wichtigste in deinem Leben bist. Dass du es sein solltest, dass du es sein darfst. Wenn sich in dir jetzt ganz viele moralische Vorwürfe auftun, dann denk dran: Das alles hat viel mehr mit dir persönlich zu tun als mit mir.

DAS GRAUE KAPITEL

UND WAS MACHE ICH NUN?

Ich hatte es selten in meinem Leben leicht. Ich möchte nicht nach Selbstmitleid klingen. Aber es gibt viele Menschen, die deutlich mehr Glück hatten als ich.

Natürlich gibt es auch deutlich schlimmere Schicksale, und es gibt auch Leute, die schlimmere Ereignisse in ihrem Leben besser wegstecken können als ich. Ich möchte auch nichts auf die leichte Schulter nehmen oder jemandem unterstellen, dass er oder sie ein Weichei sei.

Mein frühkindliches Trauma, gepaart mit meiner Hypersensibilität, hat vermutlich zu dem jetzigen Resultat geführt. Ich bin froh, dass ich diese Erfahrungen machen durfte. Wäre ich nicht durch all diese Mieseren gegangen, wäre ich heute ein ganz anderer Mensch. Nur durch Herausforderungen und Komplikationen wird man stärker und wächst über sich selbst hinaus.

Nach zwölf Jahren schwerster Depression möchte ich noch nicht sagen, dass ich „geheilt" bin. Aber ich weiß, wie ich meine Dämonen bändigen kann. Ich trage immer noch sehr viel Wut in mir, manchmal auch noch tiefste Trauer. Ich habe jetzt auch erfolgreich ein ganzes Jahr ohne depressive Rückfälle hinter mir.

Aber ich schätze, das ist nur der Anfang. Wenn ich zurückblicke, war es sehr schwer. Diese tobende Wut in mir auf die Menschen, auf die Welt, auf mich. Ich wollte diese Wut loswerden, bin dann vor lauter Zorn mit dem Auto schneller gefahren, als ich sollte, habe die Kurven enger genommen, um einfach etwas anderes zu spüren. Um diese tiefe Wut nicht mehr zu spüren, sondern um das mit der Gefahr zu überspielen.

Vielleicht wollte ich auch nur unbewusst erneut in einen Abgrund blicken oder eine kurze Auszeit vom Leben nehmen. Möglicherweise habe ich doch gehofft, dass mir durch diese Manöver

etwas geschieht und jemand sehen kann, wie sehr ich gerade aus-
brenne – emotional.

Jeder Mensch hat seine Grenzen, jeder kann nur ein bestimmtes
Gewicht mit sich tragen. Und meine heutige Grenze ist mein der-
zeitiges Leben. Ich möchte unbedingt etwas verändern. Ich bin
mein Leben leid. Ich bin es satt.

Diese tausend Grenzen, die mir gesetzt werden, weil es Regeln
gibt. Man schränkt mich ein, weil es Regeln gibt, und diese Regeln
finde ich ätzend. Und weil ich mich machtlos fühle, bin ich rasend
vor Wut – im wahrsten Sinne des Wortes.

Ich möchte die Welt verändern, ich möchte etwas bewegen.
Doch das geht nicht einfach so. Um wirklich etwas bewegen zu
können, muss man mächtiger sein als diejenigen, die alles zerstören – und das ist leider nicht so einfach.

Aufgewachsen in ärmlichen Verhältnissen mit Migrationshintergrund, hat mein Berufsleben bereits verschuldet gestartet. Immerhin musste ich irgendwie mein Leben während meines Studiums finanzieren.

Ich will so viel machen und kann es einfach nicht. Das ist mein
heutiges Tief. Sitzend, wartend und machtlos sein. Ich hasse es,
machtlos zu sein. Aber klar, das macht durchaus Sinn.

Ich war meinem Vater gegenüber immer machtlos. Ich hatte nie
die Kontrolle und war ihm immer unterlegen, allein schon körperlich. Er konnte mit mir machen, was er wollte, und das hat er
schamlos ausgenutzt.

Ich werde das nie vergessen, jedes Mal wenn er betrunken war
und einen Kuss von mir verlangt hat. „Du bist doch meine Tochter, du liebst mich doch." Ich könnte rasen vor Wut!

„Nein, Papa. Du bist betrunken und stinkst nach Alkohol." Und
jedes Mal hat er sein gesamtes Gewicht auf seine kleine unschuldige Tochter gedrückt. „Du liebst mich doch." Ja. Da hatte er recht,
ich habe ihn geliebt. Auch in den Momenten, in denen ich einfach
keine Luft bekommen habe.

Ich habe noch heute ein großes Problem damit, wenn jemand mit seinem Gewicht voll auf mir liegt. Ich ersticke einfach. Wenn mich jemand körperlich bedrängt, bekomme ich Panikattacken. Lieb gemeinte und süße Kitzelattacken von nahestehenden Personen werden da schnell zu einem Horrortrip für mich. Vor allem von Männern, die mir körperlich überlegen sind.

Ich schalte in solchen Momenten in den Überlebensmodus um und kann schnell ziemlich gewalttätig werden, für mich zählt hier nur eins: überleben und möglichst schnell raus aus dieser Situation.

Oft schaffe ich es, solche Situationen zu vermeiden und direkt zu Beginn so etwas zu unterbinden. Oft wird es auch verstanden und akzeptiert, wenn ich sage, dass ich das nicht möchte. Aber genauso oft wird es belächelt und ich werde schief angeguckt, wenn dann genau das eintritt.

„Du bist doch verrückt, ich kitzel dich doch nur. Dreh doch nicht so durch, das ist doch nichts Schlimmes!", ist dann oft die Reaktion. Keine Spur von Verständnis oder Akzeptanz.

Natürlich mag es für diese Personen unvorstellbar sein, dass man eine Panikattacke bei so einer eigentlich süßen Geste bekommt, aber ich kann nicht anders. Es sitzt tief in mir drin und ich kann das einfach absolut nicht kontrollieren. Daher warne ich die Leute ja auch vor, wenn das geschieht. Und ich bitte sie auch höflich darum, das Vorhaben doch sein zu lassen. Vermutlich denken diese Typen einfach nur, dass ich übertreibe oder dass wir Frauen doch eh eigentlich „Ja" meinen, wenn wir „Nein" sagen. Und dann sind sie überrascht und urteilen über einen, wenn man doch nicht übertrieben hat und wild um sich schlägt.

Es sind die Kleinigkeiten, die meine Gedanken immer wieder zerstreuen und vergessene Dämonen tanzen lassen. Mir geht es schon lange wirklich gut, ich komme mit den meisten Dingen schon sehr gut zurecht. Aber jetzt stehe ich vor der größten Herausforderung überhaupt und wandere daher deshalb vermutlich wieder in Richtung Tief. Mit diesen Dämonen habe ich mich noch nicht auseinandergesetzt, ich weiß noch nicht, wie ich sie zähmen kann.

DOCH KEIN HAPPY-END FÜR MICH?

„Hast du gehört, die haben geheiratet? Total süß, guck mal die Fotos an. Der Vater sieht so stolz aus!", ich kann das nicht mehr hören. Ich kann keine Fotos von Vater-Tochter-Tänzen anschauen. Ich kann keine Filme mit Hochzeiten anschauen, der Vater führt die Tochter immer zum Altar. Der Vater ist immer stolz und schwingt Reden voller Liebe und Freude. Liebe, die ich niemals erfahren werde. Mein Vater hat mir das gestohlen und wird niemals in der Lage sein, mir das geben zu können. Er hat in mir so viel zerstört, aber das reicht ihm nicht. Er muss auch noch meine Zukunft zerstören und mir Dinge wegnehmen, die ich noch gar nicht habe.

Ich liebe Hochzeiten, ich habe früher immer vor Glück geweint, wenn jemand geheiratet hat. Egal ob ich das miterlebt habe oder es im TV gespielt wurde. Bei Hochzeiten wurde ich immer zu einem kleinen Mädchen und inzwischen falle ich dadurch in ein depressives Tief.

Ich kann das einfach nicht mehr. Ich kann nicht mehr so tun, als wäre es in Ordnung, dass er mir das wegnimmt. Dass er mir meine perfekte Vorstellung von meiner Traumhochzeit ruiniert. Meine Prinzessinnenhochzeit, einen der glücklichsten Tage im Leben.

Ich weine immer noch bei einer Trauung oder beim Vater-Tochter-Tanz, aber ich weine, weil mein Herz in tausend Splitter bricht. Ich habe es einfach nicht unter Kontrolle und mit meinem Therapeuten kann ich auch nicht darüber reden. Ich trau mich einfach nicht, eine solche Kleinigkeit anzusprechen.

Das ist doch schwachsinnig, wegen etwas Fiktivem so einen Schmerz zu empfinden. Ich weiß noch nicht einmal, ob ich jemals heiraten werde.

Möglicherweise finde ich nie den idealen Mann. Vielleicht möchte mich kaputtes Wesen auch niemand. Vielleicht werde ich auch asexuell und werde mit vielen Katzen oder Hunden eine andere kleine Familie gründen. Vielleicht sterbe ich auch vorher an Krebs oder durch die eigene Hand oder ich bin einfach am falschen Ort zur falschen Zeit. In der Welt passieren viele grausame Dinge, es ist nicht einmal so ausgeschlossen, dass das auch mir passieren könnte.

Und dann werde ich nie heiraten, nie erfahren dürfen, was wahrhaftige Liebe bedeutet. Was Glück bedeutet, was es heißt, wertgeschätzt zu werden. Wozu also aus einer Mücke einen Elefanten machen? Mein Therapeut würde bestimmt das Gleiche sagen.

HOFFNUNG STIRBT ZULETZT, ODER?

Liebes Tagebuch, 07.08.2014 (17 Jahre)
Ach herrje, ich mach mir doch schon wieder falsche Hoffnungen. Ich weiß doch ganz genau, wo das wieder enden wird: Alleine irgendwo im Zimmer mit lauter Musik und ständig der Satz: „DU HAST ES GE-WUSST."
Ja, ich weiß es. Und trotzdem werde ich hoffen. Was zum Teufel ist schlecht daran, an das Gute zu glauben? Was ist falsch daran, zu hoffen, dass der Wunsch doch in Erfüllung geht? Wieso wird man dafür bestraft? Mit Selbsthass ...
Wie immer. Warum mach ich den Scheiß eigentlich? Ach so, ja. Weil ich daran glaube, dass ich irgendwann dafür belohnt werde, dass ich mir für alle jedes Mal den Arsch aufreiße und es mir egal ist, ob es mir scheiße geht oder nicht.
Und vielleicht kommt das jetzt so rüber, als ob ich das alles nur für eine Belohnung mache, aber das stimmt nicht.
Ich mache es, weil ich es brauche. Ich kann nicht anders, als Leuten zu helfen. Ich muss es einfach. Ich erwarte keine Gegenleistung. Ich hoffe einfach nur auf Karma.
Ich hoffe einfach nur, dass jeder Held mal etwas Gutes zurückbekommt. Und nein, ich sehe mich nicht als Held. Ich sehe mich als einen Haufen Elend, das einfach versucht aus der Schlucht rauszukommen. Aber auf dem Weg noch schlimmere Häufchen findet und lieber ihnen hilft, als sich selbst.
Wenn's sein muss, klettere ich auch wieder runter, um anderen hochzuhelfen. Ob das heldenhaft ist, sich jedes Mal der Gefahr auszusetzen, hinunterzustürzen und nicht mehr hochzukommen, weiß ich nicht.
Für mich klingt das eher ziemlich idiotisch. Was für ein Vollidiot macht das schon? Und wieso hofft dieser Idiot auch noch, dass ihm was

Gutes passiert? Was soll schon passieren? Trifft er auf einmal eine Seele, die genauso idiotisch ist und ihm hochhelfen will, und vergessen sie dann in aller Zweisamkeit alle anderen Häufchen? Nein danke.

Ich habe gehofft und fest daran geglaubt, dass mein Vater sich noch ändern wird. Mein größter Wunsch war es, dass er seine Fehler einsieht, versteht, was er mir angetan hat, und sich ernsthaft bei mir entschuldigt. So wie meine Mutter das getan hat. Ich habe die Reue und die Schuld in ihren Augen gesehen. Ich habe ihren Schmerz spüren können, weil sie verstanden hat, was sie mir angetan hat. Sie hat es verstanden und sich ehrlich entschuldigt. Das hatte ich mir so sehr von meinem Vater gewünscht. Er war doch immerhin mein Vater. Er ist Familie. Blut ist doch dicker als Wasser.

Ich habe den Kontakt vor meiner Namensänderung immer wieder kurz abgebrochen und dann wieder aufgenommen. Ich besuchte ihn auch in seiner neuen Wohnung, er hat Leon und später auch Theo kennengelernt. Er war zu meinen Geburtstagen eingeladen, ich kam zu seinen. Ich habe es wirklich versucht. Ich habe gegen den Schmerz und den Hass angekämpft, den ich bei seinem Anblick empfunden habe. Ich wollte wirklich, dass ich stärker als all das bin und einfach darüber stehen kann.

Aber wozu? Weil Blut dicker ist als Wasser? Das sollte doch kein Grund sein. Das ist etwas, was uns von der Gesellschaft eingeredet wird. Familie hat nichts mit Blut zu tun. Das hat mit den Menschen zu tun.

Und dann bin ich auch noch das älteste Kind. Ich bin das Vorbild, die große Schwester. Ich musste weiterhin Kontakt zu meinem Vater haben, wie sollte ich das sonst meinen Brüdern erklären? Und was sollte ich ihnen sagen? Ich wollte ihn doch nicht schlecht reden. Nein, das konnte ich doch nicht tun. Und ihre Geburtstagsfeiern? Ich kann sie doch nicht zwingen, sich zu entscheiden, ob die Schwester oder der Vater eingeladen wird. Nein. Ich war der felsenfesten Überzeugung, dass ich das alles bewältigen kann, und die Hoffnung stirbt ja für gewöhnlich zuletzt. So hoffte ich. Viele Jahre. Vergebens.

Ich begann offen über mein Kindheitstrauma zu reden. Viele Leute waren über meine Offenheit positiv überrascht, sehr sogar. Aber ich habe das gebraucht, ich musste einfach wirklich realisieren, was er für ein Mensch ist. Nicht: Wer er sein könnte, was ich mir wünschte, wer er war. Sondern, wer er wirklich ist. Das ständige Wiederholen gegenüber tausend verschiedenen, teilweise völlig fremden Menschen hat mir geholfen, genau das zu verstehen. Mein Vater ist ein Mensch, der keine Einsicht zeigen kann oder will.

Er ist ein Narzisst, ein Egomane und denkt ständig nur an sein Wohl. Er schenkt dir Blumen, damit du ihn wertschätzt und er sich gut fühlen kann.

Und trotzdem habe ich lange gehofft. Ich hoffe auch heute bestimmt noch irgendwo, dass er das alles eines Tages versteht. Jeder Mensch hat den inneren Frieden verdient, aber der wird einem nicht mal eben geschenkt. Den bekommt man nicht für Blumensträuße und Pralinen.

LIEBER DOCH NUR WOLKE VIER?

Nach meinem Unfall und der Gewissheit, dass alles gut verheilt war, wollte ich Frieden für mich. Ich wollte eine entspannte Beziehung. Ich wollte etwas Gesundes und Stabiles. Ich wollte nur meine Ruhe haben.

Nach Leon habe ich mich deshalb lange auf keine neue Beziehung eingelassen. Doch dann kam Theo und ich war verliebt. Aber auch nur ein bisschen. Ich lernte ihn kennen und dachte mir, dass er ein guter Freund werden könnte, aber auf keinen Fall wäre er Beziehungsmaterial.

Das war mein erster Eindruck und er wusste das. Dennoch gab er sich Mühe und kämpfte um mich. Er hat sich wirklich viele Dinge einfallen lassen und mir so meine dunklen Tage versüßt.

So kam ich dann doch zu dem Entschluss, dass er mich glücklich macht und ich doch eine Beziehung mit ihm eingehen könnte. Die hat immerhin fast drei Jahre lang angehalten.

Er war ganz anders als mein Vater: Er war sanft, ehrlich, wählte niemals verletzende Worte, hörte einem aufmerksam zu und war alles in einem ein super Partner. Aber eines hatte er dann doch mit meinem Vater gemeinsam: Er konnte nicht selbstständig sein. Selbst nachzudenken, selbst zu handeln, Dinge anzupacken. Das war ihm völlig fremd. Und mir ließ das graue Haare wachsen.

Ich hatte nach der Trennung lange das Gefühl, dass ich meine Zeit mit ihm einfach nur verschwendet hatte. Ich hatte auch hier gehofft und mir gewünscht, dass er sich noch ändert.

Das erste Mal hatte ich bereits nach wenigen Monaten Beziehung darüber nachgedacht, mit ihm Schluss zu machen. Aber ich habe gebetet, dass er sich noch ändern wird. Ich habe gehofft, dass ich es wert bin, dass er sich für mich ändert und anfängt, mehr im

Haushalt auf eigene Faust zu machen. Dass ICH es wert bin, dass er sich für MICH ändert. Wie egoistisch von mir. Drei Jahre lang. Und am Ende war ich die Böse in der Geschichte, weil ich einfach nichts mehr für ihn empfinden konnte. Der letzte Funken Hoffnung ist verschwunden und damit auch der letzte Tropfen Liebe, den ich für ihn – oder für mein ideales Bild von ihm – empfinden konnte. Und genau das ist das Problem an depressiven Menschen. Sie sind einfach egoistisch, und das in einer Tour. Ständig gibt es Ausreden, wenn man sich mal falsch verhalten hat. Ständig verlangt man von anderen etwas, will aber selbst keinen Finger krümmen. Das ist jetzt vereinfacht dargestellt, aber es trifft den Nagel auf den Kopf.

Natürlich stand ich nicht vor Theo und habe ihm gesagt: „Hey du da, du musst mich jetzt heilen! Und weil ich will, dass du so und so bist, musst du auch so werden! Mir zur Liebe! Weil ich es mir wünsche und ich nur so wieder mich selbst lieben kann!" Aber meine Worte und Taten haben vermutlich genau das ausgesagt. Und genau das ist der Fehler. Es ist unglaublich schwierig, eine Beziehung mit depressiven Menschen zu führen. Es ist nicht unmöglich, aber es ist bestimmt alles andere als einfach.

Theo hat mir sehr geholfen, das muss ich auch sagen. Durch die ganze Zeit, die wir miteinander verbracht haben, habe ich ihn wirklich angefangen zu lieben. Es war keine Wolke sieben, es war eher eine stabile Wolke vier. Aber das hat ausgereicht, um an mir zu arbeiten. Ich wollte ihn glücklich machen. In meinen Augen war er es wert, dass ich mich so verändere, dass er glücklich sein kann.

Ich wollte allerdings schon immer, dass andere glücklich sind, und habe oft das Wohl anderer über meines gestellt. Ein gesundes Selbstwertgefühl sieht definitiv anders aus. Aber ich erinnere mich gerne an eine Situation zurück:

Immer wenn ich in Streitereien geraten bin und ich mit meiner negativen Todesspirale in meinem Kopf nicht zurechtgekommen bin, bin ich einfach weggerannt. Ich will nicht wissen, wie oft ich meiner Mutter Sorgen bereitet habe, weil ich wieder mal abgehauen bin. Und Theo hat mir in diesem Punkt die Augen geöffnet. Auch bei ihm bin ich noch abgehauen, einfach eine Tasche gepackt und raus aus der Wohnung. Ganz egal wohin, Hauptsache weg. Und an einem Tag kam er zu mir und sagte: „Jedes Mal, wenn du abhaust, stirbt ein Stück in mir. Ich weiß nicht, wie lange ich das mitmachen kann."

Er war ehrlich. Und das hat weh getan. Er hat mir bewusst gemacht, was für ein egoistisches Ding ich doch bin. Was würde ich denn wohl bitte davon halten, wenn er mitten in der Nacht wegrennen würde? Ich werde diesen Schmerz in seinen Augen vermutlich nie vergessen. Natürlich hatte ich meine guten Gründe, jedes Mal abzuhauen. Ich habe einfach diese Distanz gebraucht, einen Tapetenwechsel. Ich musste einfach wortwörtlich raus aus der Situation.

Aber Theo war mir wichtiger. Und so habe ich aufgehört wegzurennen. Wir hatten ein sehr offenes und ehrliches Gespräch, in dem ich ihm versucht habe zu erklären, was in mir in einem solchen Moment vor sich geht.

Der Punkt, an dem ich schnell raus muss, ist die Grenze, über die ich nicht gehen darf. Gehe ich doch darüber, dann werde ich versuchen, mir das Leben zu nehmen. Ich habe das alles immer die Todesspirale genannt, das trifft es am besten. Es beginnt ganz oben mit einer harmlosen Kleinigkeit: Man ist schon mit dem falschen Fuß aufgestanden, der Kaffee schmeckt scheußlich oder man kleckert auf das weiße Hemd. Die Spirale beginnt. Ab diesem Zeitpunkt zieht es einen immer automatisch runter; wenn keine großartig negativen Geschehnisse vorkommen, ist das auch nicht weiter schlimm. Man ist ja bereits gewöhnt, unmotiviert und „schlecht gelaunt" zu sein.

Aber geschehen dann Streitereien, nimmt die Todesspirale Fahrt auf. Mit jedem Wort wird es immer schlimmer, es kommen immer mehr Emotionen dazu und es wird immer schneller und immer schneller. Man rast an einer Ausfahrt vorbei, an der nächsten und ehe man sich versieht, muss man sich sofort entscheiden: Entweder steige ich jetzt aus, oder das war's. Die letzte Ausfahrt habe ich Gott sei Dank meistens gesehen. Blöderweise aber erst so spät, dass ich wortwörtlich rennen musste, um sie zu erwischen. Die Gedanken sind auch hier wahrscheinlich bei jedem unterschiedlich. Bei mir hat sich eigentlich immer derselbe Gedankenkreis abgespielt: „Ich bin es nicht wert. Wäre ich es wert, dann würdest du jetzt nicht so mit mir reden. Wäre ich so toll, würden wir nicht streiten. Alles ist meine Schuld. Du wärst glücklicher ohne mich. Alle wären glücklicher ohne mich. Ich kann doch eh nichts. Ich bin nichts wert." Und das alles endete dann entweder im Abhauen oder im erfolglosen Suizidversuch.

Theo und ich haben uns zu dem Zeitpunkt auf einen Kompromiss geeinigt: Ich renne nicht mehr weg und sage ihm stattdessen, wenn der Punkt erreicht ist, an dem ich aussteigen muss. Im Gegenzug dazu wird er dann die Diskussion sofort unterbrechen und in der Wohnung in ein anderes Zimmer gehen, damit ich meinen Freiraum habe. Die Lösung war perfekt.

Leider war ich die Einzige, die es geschafft hat, sich daran zu halten. Dennoch war meine Liebe für ihn stark genug, um auch das auszuhalten. Es war nicht leicht.

Und genau dafür bin ich ihm dankbar. Dadurch hat er mich gezwungen, dass ich mich aushalte. Dass ich mich mit mir auseinandersetze und meine Todesspirale aus eigener Kraft anhalte. Ich schätze, ohne ihn wäre ich heute nicht an diesem Punkt.

WER SIND DIESE TYPEN VON MURPHY?

Ich habe lange damit zu kämpfen gehabt, dass ich meine Zeit mit Theo verschwendet habe. Aber dem ist überhaupt nicht so. Nach der zerstörerischen Beziehung mit Leon habe ich eine Wolke vier gesucht und gefunden. Ich bin so lange in dieser Bequemlichkeit geblieben, bis ich wieder genug Kraft hatte, um weiterzugehen. „Die Sonne geht auf und genauso geht sie auch wieder unter. Und genauso bin ich nicht aufzuhalten." Diesen Satz hat Boris Grundl in einem seiner Seminare gesagt. Und er hat mich sehr bewegt. Es schallt immer noch in meinen Ohren. Ich möchte hoch hinaus. Ich will alles oder nichts.

Diese Entwicklung von dem einen Extrem ins andere lässt sich am besten mit Murphys Komitee erklären:

Kurz zusammengefasst geht es darum, dass es Nashörner und Kühe gibt. Kühe mögen es bequem auf der Weide. Sie grasen jeden Tag dort und genießen das *einfache* Leben. Während Nashörner sich durch den Dschungel trauen. Dieser Weg ist allerdings sehr gefährlich, wodurch der Panzer immer dichter und härter wird. Auf dem Weg zum Paradies hinter dem gefährlichen Dschungel begegnet man Murphys Komitee, das symbolisch für Widerstände anderer Menschen und von sich selbst steht.

Ich war eine Kuh. Diese Jahre war ich auf der Weide und war zufrieden. Beruflich und privat habe ich es einfach so hingenommen und habe das *einfache* Leben genossen. Ich hatte zwar schon immer große Träume, aber es war nur heiße Luft.

Jetzt bin ich wach und will die Weltherrschaft.

Auch wenn das im ersten Moment ein Scherz sein mag und vielleicht gar nicht so viel mit dem Buch gemein hat, ist es doch ein wichtiges Kapitel. Es geht darum, Menschen Mut zu machen, dass man sehr wohl alles haben kann. Und dass es vollkommen in Ordnung ist, eine gewisse Zeit nicht so viel zu erreichen. Manchmal muss man einfach erst einmal die Batterien aufladen, bevor man sich auf die Reise begeben kann. Das Leben ist so unvorhersehbar.

Es geht nicht darum, immer und ständig zu kämpfen, um dann morgen geheilt zu sein. Es ist egal, ob man sofort aufsteht oder erst nach ein paar Jahren. Es geht darum, das eigene Tempo zu finden und immer aufzustehen. Früher oder später, Hauptsache, man steht wieder auf und geht den Schritt. Egal wie klein er zu sein scheint, auch hundert kleine Schritte ergeben am Ende eine große Strecke.

Das Schwierigste an der ganzen Geschichte ist einfach, dass man sich mit sich selbst auseinandersetzen muss. Man kommt an einen Punkt, an dem es keine Ausreden mehr gibt.

Natürlich könnte ich meinem Vater noch alles in die Schuhe schieben und immer wieder nachts in den Himmel schreien, dass ich mir einen anderen Vater gewünscht hätte. Dass ich Gott dafür verurteile, dass er mir das angetan hat oder was ich so Schlimmes verbrochen habe, dass ich sogar schon vor meiner Geburt mit einem solchen Schicksal gebrandmarkt wurde. Ich kann das alles machen, aber wem bringt das was?

Es bringt mich keinen Schritt weiter, ich bleibe eher stecken und falle vielleicht sogar noch etliche Schritte zurück. Stattdessen versuche ich einfach, das Beste aus diesem Leben zu machen.

Es war keine schöne Kindheit, aber es ist meine Kindheit und es macht mich zu dem Menschen, der ich heute bin. Es erlaubt mir, dieses wundervolle Buch zu schreiben, und wenn ich auch nur einer Person damit helfen konnte, dann hat sich diese ganze Miesere gelohnt.

Ich glaube nicht an Gott, wie er in der Bibel steht. Ich bin vor einiger Zeit aus der Kirche ausgetreten. Dennoch hat mir ein Satz immer wieder Mut gegeben:

Gott gibt uns nur so viel, wie wir tragen können.

Natürlich ist das Blödsinn, aber im Kampf gegen Depressionen ist jeder Satz erlaubt, der einem irgendwie Kraft und Mut gibt.

WIE, DOCH NICHT NUR MÄNNERPROBLEME?

Die Folgen der Misshandlungen durch meinen Vater sind gravierend. Doch hatte ich vieles bisher nur auf meine Beziehungen zu Männern oder zu mir selbst bezogen.

Natürlich ist es offensichtlich, dass vor allem in meinen Beziehungen zu Männern Parallelen existieren. Allerdings wird mir jetzt auch bewusst, dass es nicht nur um solche Beziehungen geht. Meine ehemalige beste Freundin Lisa hatte ebenfalls stark narzisstische Züge.

Auch in dieser Beziehung ging es immer darum, dass ich mich aufopfere und ihr zur Liebe Dinge an mir wegstoße oder verändere. Und das tat am meisten weh, denn mit ihr ging ich wirklich durch dick und dünn. Ich habe sie geliebt, und auch für sie bin ich gesprungen. Immerhin war sie meine Seelenverwandte. Doch sie streckte für mich lediglich den kleinen Zeh ins kalte Wasser.

Wir hatten immer mal wieder heftige Streitereien. Die entstanden immer dann, wenn ich genug davon hatte, dass ich mich aufopfern musste. Der Kontaktabbruch kam dann zustande, weil ich zu stur war, das Problem erneut runterzuschlucken. Ich war es leid, so tun zu müssen, als hätte ich ihr verziehen und als gäbe es keine Probleme.

Ich beschreibe unsere Beziehung gerne mit einer Geschichte: Sie war einmal im Krankenhaus für drei Tage, da ihr ein Muttermal operativ entfernt wurde. Es war ein kleiner Eingriff, bei dem sich herausstellte, dass es ein gutartiger Tumor war. Ihr ging es soweit gut. In den drei Tagen habe ich sie täglich besucht und blieb so lange, dass wir sogar eine Star-Wars-Episode gemeinsam in ihrem Krankenzimmer anschauen konnten.

Ich lag öfter im Krankenhaus. Der längste Aufenthalt war nach meinem schweren Autounfall, bei dem ich einen Wirbelbruch, ein Schädel-Hirn-Trauma und ein Schleudertrauma erlitt. Ich weiß nicht, wie oft ich den Satz gehört habe, dass ich Glück im Unglück hatte. Dass ich eigentlich in jener Nacht hätte sterben sollen, von so vielen Menschen: Ärzten, Polizisten, Automechanikern, Freunden … Allen war meine unfassbar heikle Situation bewusst. Und Lisa? Lisa besuchte mich in dieser Woche einmal im Krankenhaus. Sie war auf dem Sprung.

Ich weiß nicht, ob sie einfach emotional mit dieser Situation überfordert war. Aber ich hatte sie gebraucht. Ich hatte das Gefühl, als wären meine Neuronen neu zusammengewürfelt worden. Ich hatte auf einmal wieder das Bedürfnis, zu Leon zurückzukehren, obwohl ich eigentlich das Kapitel geschlossen hatte. Ich wusste manchmal wortwörtlich nicht mehr, wo oben und wo unten ist. Und jedes Mal, wenn ich meine Augen schloss, hing ich kopfüber in meinem Auto und hatte Panikattacken.

Lisa hat mir mein Herz gebrochen, auf eine ganz andere Art und Weise. Auf eine viel schlimmere, als dass es jeder Mann in meinem Leben hätte tun können.

Sieben Jahre Freundschaft. Unsere Freundschaft war so intim, dass Außenstehende oftmals dachten, dass wir Zwillinge waren. Ich habe mich ihr vollkommen geöffnet und ihr alles anvertraut. Ich bin mir nicht einmal sicher, ob sie ebenso für mich empfunden hat.

Aber vielleicht hat sie ja auch ihr Bestes getan. Ich bin mir sicher, dass jeder sein Bestes mir gegenüber gegeben hat. Aber es hat einfach nicht ausgereicht. Ich kam jedes Mal an einem Punkt an, an dem ich beschloss, dass ich mehr will. Dass ich mehr wert bin.

EIN NEUANFANG, DAS BRAUCHE ICH JETZT!

Das Egoistischste, das ich jemals in meinem Leben getan habe, war vermutlich, meinen Nachnamen zu ändern. Meine Identität neu zu erfinden – ohne Rücksicht auf Verluste.

Das war aber auch gleichzeitig der größte Fortschritt. Es war eine Qual bis dahin.

Jedes Mal, wenn ich meinen Familiennamen irgendwo hingeschrieben habe, kam innerlich der Schmerz hoch. Jedes einzelne Mal. Ich habe mir eine Unterschrift zugelegt, bei der ich meinen Nachnamen nicht auch noch schreiben musste, um das zumindest umgehen zu können.

Kaum jemand wusste, wie ich mit Nachnamen heiße. Ich habe auch nie darüber geredet und mich vehement dagegen gewehrt, meinen Nachnamen mitzuteilen, wenn es nicht unbedingt sein musste.

Sprach mich jemand mit Frau Müller an, habe ich sofort das Du angeboten. Ich konnte diesen Schmerz nicht ertragen. Dabei ist das doch etwas völlig Normales. So eine Kleinigkeit, die mich immer wieder so viel Stärke gekostet hat.

Der Tag, an dem ich es gewagt habe, war wirklich ein harter Tag für mich. Ich habe schon lange mit dem Gedanken gekämpft, ich wollte aber einfach nicht aufgeben. Denn wenn ich diesen Schritt gehe, gibt es kein Zurück mehr. Meinen Vater würde das zur Weißglut bringen und das würde dann den letzten Hoffnungsschimmer, das er sich noch ändern könnte, komplett auslöschen.

Mit diesem Schritt habe ich eine Türe, die ich angelehnt gelassen habe, für immer geschlossen. Ich hatte große Angst. Weil ich es doch jedem recht machen wollte und dieser Schritt würde meinen Vater enorm verletzen. Das hat es auch. Er konnte es nicht verstehen. Aber er hat noch nie auch nur versucht, jemand anderen zu verstehen.

Ich bin zum Standesamt gegangen und habe meine Situation erklärt. Ich sollte ein Original meiner Geburtsurkunde mitbringen, ein Formular ausfüllen und ein psychologisches Gutachten mitbringen.

Ich habe mit meinem Psychologen darüber geredet, natürlich hat er mich darin unterstützt und mir ein Gutachten angefertigt. Bei der Auswahl meines neuen Nachnamens habe ich auch gar nicht lange nachdenken müssen. Es war schnell klar, dass ich den Mädchennamen meiner Mutter haben möchte.

Voller Stolz bin ich mit sämtlichen Unterlagen zum Amt gelaufen. Ich habe mich da schon wie ein neuer Mensch gefühlt und auf Instagram auch meinen Benutzernamen geändert, einfach um mal zu schauen, wie sich das anfühlt.

Und dann kam ein Rückschlag. Die Frau vom Amt hat mir erklärt, dass das psychologische Gutachten nicht ausreichen würde. Außerdem müsste ich noch die Scheidungsunterlagen meiner Eltern mitbringen. Das war für mich ein Weltuntergang.

Ich hatte noch auf dem Parkplatz vom Standesamt einen Nervenzusammenbruch.

Die Welt war wieder einmal gegen mich. Da hatte ich einen Grashalm gefunden, mich daran geklammert und festgestellt, dass es mein Gewicht doch nicht tragen kann. Ich war am Boden zerstört. All die Euphorie war verschwunden und sämtliche Zweifel kamen wieder in mir hoch.

Es hat ausgereicht, dass die Dame zu mir gesagt hat, dass sie das so noch nicht durchgehen lassen kann. Sie braucht mehr. Sie möchte von mir noch zusätzlich eine persönliche Begründung für den Namenswechsel, denn das Gutachten war nicht ausführlich genug.

Ich habe lange gebraucht, um mich damit wieder auseinandersetzen zu können. Ich verstehe bis heute noch nicht, weshalb ich die Scheidungsunterlagen meiner Eltern gebraucht habe. Denn ich hätte auch Schmidt oder Mayer heißen können. Das ist im Prozess der Namensänderung aufgrund von psychologischen Gründen völlig egal.

Ich habe dann noch den Mut gefasst, mich zu Hause zu betrinken und mit heißen Tränen im Gesicht meine persönliche und ausführliche Begründung zum Namenswechsel runterzuschreiben. Dieser sah dann wie folgt aus:

Zunächst verstand ich nicht, weshalb ich der Mensch bin, der ich bin. Ich habe mir Partner nach ihrer Aggressivität ausgesucht: Desto aggressiver ein Mann, desto sympathischer war er mir. Ich habe viele unglückliche Beziehungen hinter mir, die ebenfalls mit häuslicher Gewalt und Manipulation verbunden waren, und das, obwohl es mir mit 18 Jahren langsam dämmerte, weshalb das so ist. Zu diesem Zeitpunkt war meine Mutter dabei, sich von meinem Vater zu trennen, nach 20 Jahren Ehe. Ich hatte zu diesem Zeitpunkt daher selbst kaum Zeit für mich, da ich meiner Mutter Trost spendete. Doch nach und nach kam heraus, was für ein Monster mein Vater war und weshalb ich unglücklich bin und mir selbst riesen Schuldgefühle zu allem einredete.

Folgendes hat meine Mutter mir erzählt, daher kann ich dies nicht genau bestätigen, da ich bis zu einem Alter von fünf Jahren mich an beinahe nichts erinnern kann, dies ist laut meinem Psychologen ebenfalls auf ein Kindheitstrauma zurückzuführen:

Mein Vater ignorierte meine Schreie als Kleinkind und sperrte mich in einen komplett abgedunkelten Raum alleine ein. Hiervon habe ich schwere Angstzustände in Bezug auf das Alleinsein entwickelt. Mittlerweile habe ich das jedoch im Griff, konnte bis zum Alter von 19 Jahren jedoch nicht einmal alleine zehn Meter laufen, ohne dass mich negative Gedanken verfolgten (Frust, Selbstmitleid, Schuldgeständnisse, Selbstzweifel, Selbsthass, Selbstmordgedanken).

Folgendes habe ich bewusst miterlebt:

Ich kann nicht genau sagen, wann es angefangen hat, vermutlich war ich erst drei oder vier. Mein Vater hat ein spezielles Strafsystem für mich eingeführt. Er hing einen Zettel an die für alle sichtbare Pinnwand im Esszimmer auf, auf der mein Name stand. Bei jedem Regelverstoß wurde ein „X" unter den Namen gesetzt, bei einer guten Tat ein „O". Drei „O" bedeutete ein Kinder-Überraschungs-Ei, drei „X" die Strafe.

Um ein „O" zu bekommen, musste ich einige großartige Dinge tun, beispielsweise eine sehr gute Note in einem Test mit nach Hause bringen oder das Auto meines Vaters selbstständig putzen. Für das Kreuz reichte bereits ein vergessenes „Danke für das Essen" am Abend.

Waren die drei Kreuze an der Pinnwand, so ging es in das Schlafzimmer, in dem mein Vater dann sämtliche Rollläden herunterließ, sodass die Nachbarn meine Schreie nicht hören konnten. Das Licht wurde gedimmt, sodass beinahe komplette Dunkelheit im Zimmer herrschte. Er holte eine Gerte hinaus, zwang mich, mein Gesäß zu entblößen und mich so vor ihm auf das Bett zu legen.

Er zwang mich ebenfalls laut mitzuzählen, bei jedem Hieb bis zum zehnten Schlag. Hatte ich mich verzählt, spannte ich die Muskeln an oder schrie ich, begann er von vorne. Und jeder Schlag war die Hölle, es war kein sanftes Schlagen, es war purer Ernst und seinerseits voller Lust. Ich hatte ihm als Kind vor dem Schlagen und danach nie gerne ins Gesicht geschaut, sein Blick war mir damals unheimlich. Heute weiß ich, dass das die sexuelle Gier in seinen Augen war.

In der vierten Klasse begriff ich zum ersten Mal, dass das nicht normal war, denn in der Schule lernten wir unsere Kinderrechte kennen. Am Esstisch sagte ich daher voller Ernst zu meinem Vater: „Wenn du mich noch einmal schlägst, rufe ich die Polizei an", dieser entgegnete mir mit einem Lachen: „Das tust du niemals, du liebst mich doch, du bist doch meine Tochter."

Und er hatte recht, ich liebte dieses Monster und unternahm daher gar nichts. Ich hatte die Hoffnung, die Drohung hätte gereicht und er würde mir nichts mehr tun. Mit der Zeit lernte ich aber Schmerzen zu ertragen und nahm ihm den Gefallen daran, sodass er damit aufhörte, als ich 14 Jahre alt war. Doch das war nicht das einzige Übel, das er mir antat.

Er war meiner Meinung nach Alkoholiker, er ging zwar nüchtern zur Arbeit und war es auch tagsüber, doch am Abend trank er ein paar Bier, die ihn unfassbar betrunken machten. Jedes Mal kam er daher betrunken zu mir und wollte einen Kuss von mir, da ich doch seine Tochter sei und ihn doch lieben würde.

Durch seine Trunkenheit hat er mir schon oft die Luft mit seinem Gewicht genommen und Treppen runtergestoßen, alles ohne große körperliche Folgeschäden. Doch seine Aufdringlichkeit und das Ignorieren meines „Papa, du bist betrunken, bitte lass mich in Ruhe" haben mir seelisch sehr weh getan. So etwas sollte kein Mädchen 18 Jahre lang ertragen, egal in welchem Alter.

Aber auch nüchtern hat er mir geschadet, er hat sich oft mit meiner Mutter gestritten, wir Kinder bekamen das nie mit, aber ich wusste immer, wann es wieder so weit war. Denn nach jedem Streit kam mein allerliebster Vater, der Mensch, zu dem ich aufgesehen habe und der mir alles bedeutet hatte, zu mir und erklärte mir, dass ich schuld an allem Übel sei. Nur wegen mir würde er immer mit meiner Mutter streiten, das kleine unsichere Mädchen von damals hat ihm natürlich geglaubt und war irgendwann der felsenfesten Überzeugung, es sei wirklich an allem schuld.

Im Januar 2015 absolvierte ich bereits seit einigen Monaten mein freiwilliges soziales Jahr in einer Kindertagesstätte. Direkt nach der Schule kam ich in eine Vollzeitstelle, war zum Januar jedoch bereits eingependelt und war abends nicht mehr übermüdet zuhause angekommen. Aber als ich an einem Abend von der Arbeit nach Hause kam, fand ich ein schreckliches Szenario vor: im Esszimmer fand ich meine Mutter kreidebleich, sich selbst wiegend und wimmernd wieder. Im nächsten Augenblick hörte ich jemanden gegen die Wohnzimmertür hämmern und verstand, dass dies mein Vater war.

Als ich meine Mutter beruhigt hatte, erzählte sie mir, wie mein Vater sie bedrängte, anschrie und schlug, und das in so einem Maße, dass sie einen Nervenzusammenbruch erlitt. Ich ging zur Wohnzimmertür und schloss auf, um seine Sicht zu erfahren und schlichten zu können. Was dann geschah, weiß ich nicht mehr. So sehr ich mich auch bemühe, ich kann mich an das ganze Gespräch nicht erinnern.

Ich weiß nur zwei Dinge von jenem Abend: 1. Ich schrie ihn an: „Fass mich ja nie wieder an!", und 2. dass er für mich in diesem Moment gestorben war. Mein Vater zog daraufhin aus und Woche für Woche erzählte mir meine Mutter immer mehr von ihrem Kummer aus dieser Ehe. Ich hatte mir versucht, das erste Mal bereits mit 13 das Leben zu nehmen. Ich hatte Kontakt zum Jugendamt aufgenommen mit 16, um eine Auszeit zu bekommen von ihm, doch meine Angst vor ihm und seiner Wut war zu groß. Ich stritt mich auch oft mit ihm, was weitere Schläge von ihm und kaputte Möbelstücke wegen ihm zur Folge hatte.

Nun, da ich bereits erwachsen bin und die Dinge besser verstehen und wahrnehmen kann, habe ich ihn öfter darum gebeten, den Kontakt zu mir zu unterlassen. Ich habe seine Nummer blockiert, doch da er jedes Mal wusste, wo ich wohne, stand er vor der Haustür oder kam zu meiner Mutter, wenn er mein Auto bei ihr stehen gesehen hat. Hier beginnt die emotional aufreißende und niederschmetternde Diskussion, er sei doch kein Monster, ich sei doch seine Tochter und ich würde ihn doch lieben.

Er versteht nicht, dass er mein Leben zerstört hat und ich nun alle Scherben aufsammeln muss. Er versucht stattdessen meiner Mutter ebenfalls die Schuld in die Schuhe zu schieben, doch meine Mutter hat Reue gezeigt. Reue für ihre Naivität ihm und ihrer Erziehung gegenüber. Mein Vater tut dies nicht, stattdessen lässt er mich jedes Mal mit dem Gefühl zurück, ich würde mir all die Schmerzen einbilden. Als wären meine Depressionen erfunden und das alles wäre doch nur so schmerzhaft wie das Pflaster, das man vor zehn Jahren abgezogen hätte.

Leider kann ich den Kontakt nicht komplett zu ihm abbrechen, genau aus diesen Gründen. Es ist einfacher, ihn für fünf Minuten im Jahr zu ertragen, als diese Gefühle aus der Diskussion erneut zu fühlen. Lieber ignoriere ich ihn an Geburtstagen meiner Brüder und antworte nur auf direkte Fragen kurz, anstatt erneut einen Nervenzusammenbruch zu haben, der mich viele Schritte in meiner Depression zurückwirft. Mein Leben ist mir mehr wert. Daher möchte ich meinen Nachnamen ändern.

Ich bin bereits so weit, dass ich einen wildfremden Mann heiraten würde, nur um einen anderen Namen zu bekommen. Ich möchte nicht bei jedem „Hallo Frau Müller" an all das erinnert werden. Ich möchte nicht voller Hass sein, wenn mich jemand nur freundlich grüßen möchte. Ich will nicht beim Abschließen eines Vertrages in Tränen ausbrechen, weil ich einen schlechten Tag habe und meinen Nachnamen sehe. Ich möchte frei sein und nach vorne blicken, ich möchte ihn aus meinem Leben entfernen, soweit es geht, und keine Verbindung mehr zu ihm haben. Ich will stolz auf meinen Namen sein, ich möchte etwas mit diesem Namen schaffen und nicht ständig an mein Leid erinnert werden. Ich möchte, dass meine Kinder die Chance auf einen liebevollen Namen haben und nicht einen nehmen müssen, hinter dem so viele Tränen, Schmerz und Blut steckt.

Ich hoffe, Sie verstehen meine Situation. Ich habe mir dieses Leben nicht ausgesucht, habe nun aber die Chance auf ein neues Leben. In ein paar Wochen ziehe ich in meine neue Wohnung, von der mein Vater noch nichts weiß, um ein bisschen Distanz zu schaffen. Ich würde mich über einen Neuanfang sehr freuen, Sie können sich nicht vorstellen, was für Qualen hinter dieser ganzen Geschichte stecken. Nach unserem letzten Gespräch konnte ich kein Auto mehr fahren, da ich einen Nervenzusammenbruch hatte, weil Sie mir das Gefühl vermittelt hatten, Sie würden die Änderung nicht zulassen.

Ich kann verstehen, dass nicht jeder seinen Namen einfach nach Lust und Laune ändern kann. Aber versuchen Sie mich zu verstehen, ich habe mir schon so oft das Leben versucht zu nehmen und bin gerade dabei, meine Umgebung völlig zu ändern. Ich wäre vermutlich der glücklichste Mensch, wenn Sie mir diese eine Sache geben würden: einen neuen Namen für ein neues Leben. Sie haben die Macht, mich fliegen oder tief fallen zu lassen.

Ich habe alles abgegeben. Und alles schon wieder verdrängt. Ich hatte einfach schon damit abgeschlossen und mit einer Absage gerechnet. In meiner Welt war ich es ehrlich gesagt nicht wert, ein glückliches Leben mit einem stolzen Nachnamen zu führen. Ich habe es einfach zur Seite geschoben und versucht nicht daran zu denken. Generell wussten nur meine Mama und mein damaliger Partner davon, dass ich dabei bin, meinen Nachnamen zu ändern.

Es war einfach zu schmerzhaft, jemanden davon zu erzählen. Denn dann würden mich die Leute fragen, wie es läuft und ob es etwas Neues gibt. Und das würde ständig neue Zweifel in mir hochbringen. Also habe ich einfach alles totgeschwiegen und es verdrängt.

Ich habe es so gut verdrängt, dass ich sogar umgezogen bin und die neue Anschrift nicht mitgeteilt habe. Irgendwann bekam ich einen Anruf, dass meine Namensänderung durch ist und ich Post erhalten habe, auf die ich nicht geantwortet habe. Ich solle doch zum Amt gehen und meine neue Urkunde abholen.

Das war der schönste Tag in meinem Leben. Ohne übertreiben zu wollen. Ich war zu diesem Zeitpunkt der glücklichste Mensch. Ich war wieder voller Energie und habe sofort überall meinen Nachnamen geändert. Ich habe einen neuen Ausweis beantragt, einen neuen Führerschein, neue Bankkarten, alles sofort neu.

Ich war glücklicher als ich es mir jemals hätte erträumen können. Ich wollte die ganze Welt umarmen. Endlich war der Albtraum vorbei. Endlich konnte ich mit Stolz meinen Nachnamen tragen und sagen, dass dieser Name für viel Liebe steht, für Fürsorge, Nächstenliebe aber auch für enorme Sturköpfigkeit.

Ich hatte endlich einen Namen, mit dem ich mich identifizieren konnte. Einen Namen voller Liebe und nicht voller Schmerz.

Und so bin ich noch stolzer darüber, dass mein gegründetes Unternehmen meinen Namen trägt. Meine Unterschrift beinhaltet meinen Nachnamen und ich könnte nicht stolzer sein.

Ich habe einen Instagram-Beitrag dazu gepostet, um auf dieses Thema aufmerksam zu machen. Denn ich habe damals nicht viel im Internet dazu finden können. Der ganze Prozess war sehr schleierhaft, als ob niemand möchte, dass man seinen Nachnamen wegen solchen emotionalen Dingen ändert.

Es hat nicht lange gedauert, da hat ein Fernsehsender mir geschrieben, ob ich nicht an einem Beitrag dazu mitwirken möchte, um meine Geschichte zu erzählen. Natürlich konnte ich nicht nein sagen. Ich wollte es Menschen einfacher machen, als ich es hatte. Ich wollte, dass jeder diese Geschichte hört, um anderen davon zu erzählen. Ich wollte, dass andere dieselbe Erlösung finden können, wie ich sie jetzt finden durfte.

Mir schreiben bis heute noch Leute auf Instagram wegen diesem Beitrag. Es tut so unglaublich gut zu wissen, dass meine Geschichte anderen Mut macht. Mut zu einem solchen gewagten Schritt, vor dem ich selbst so unfassbare Angst hatte.

Natürlich hat mein Vater das alles mitbekommen und mich dann damit konfrontiert. Er wusste nicht, wie ich heiße, aber irgendwelche fremden Menschen haben ihm wohl davon erzählt.

Ich war voller Stärke und wollte dieses manipulative Spiel nicht mitmachen. Ich war überzeugt davon, dass ich stark genug dafür bin. Ich bin nicht darauf eingegangen und habe ihm sachlich erklärt, dass ich Mamas Nachnamen angenommen habe.

Daraufhin hat er mir gesagt, dass ich aufpassen soll, dass meine Kinder niemals so werden wie ich es bin.

Dieser Satz hat mich zuerst echt wütend gemacht. Aber dann habe ich begriffen, dass es keinen Sinn hat. Weil er es einfach nicht versteht. Ich würde mich freuen, wenn meine Kinder so werden wie ich. Wenn sie sich um andere sorgen, mit Liebe durch die Welt gehen und diese absolute Stärke haben. Ich wünsche mir nichts sehnlicher als all diese Eigenschaften für meine Kinder – und das ohne diese gewalttätigen und furchtbaren Szenarien.

Er hat es einfach nicht begriffen. Er hat es einfach nicht verstehen wollen.

Ich weiß nicht, wie er jetzt all das sieht. Ich habe ihn ein paar Wochen danach endgültig blockiert, weil er einfach wieder einmal auf sein Recht als Vater bestand. Er war wieder betrunken und hat mir geschrieben, dass ihm „alles" leidtut.

Ich war zwar auf einem guten Weg der Besserung, aber lange noch nicht stabil genug, als dass mich solche Aktionen nicht verletzt hätten.

NACHRICHT VON PAPA

Folgende Zeilen habe ich direkt am nächsten Tag geschrieben, als mein Vater mich das letzte Mal kontaktiert hatte.

Mein Vater hat mir wieder geschrieben. Doch dieses Mal hatte er mir einen Link zu einem Song geschickt: „Hör dir einfach die Worte an. Ich liebe dich." Ich war mir schon unsicher, ob ich mir überhaupt die Mühe geben sollte, das Lied anzuhören.

Es wird wie immer dieselbe Leier sein und wie jedes Mal werde ich am Ende daliegen, zitternd, wütend, erschöpft. Aber meine Hoffnung hatte mich gepackt. Vielleicht hat er es ja doch verstanden? Vielleicht kann er sich anders nicht ausdrücken, weil er den Mut dazu nicht hat? Vielleicht fehlen ihm ja die Worte, weil er wirklich Reue zeigt?

Ich klickte auf den Link, doch es war schon spät am Abend. Mein Freund und ich lagen bereits im Bett und ich las mir daher nur den Text, der in meiner Muttersprache geschrieben war, im Internet durch.

Die Worte „Mir tut alles leid, ich werde es wieder gutmachen" sind bei mir hängen geblieben. Ich antwortete ihm direkt und stellte ihn zur Rede: „Was tut dir leid?"

Dieselbe Antwort wie immer: „Alles. Du fehlst mir, du bist doch meine Tochter." Wie ich diesen Satz verteufle. Er benutzte diesen Satz immer wieder, um mich zu Dingen zu drängen, die ich nicht wollte; wenn ich ihn wieder mal küssen sollte, obwohl er total betrunken war; wenn ich zurecht sauer auf ihn war, aber er den Grund nicht einsehen wollte ...

Er hat das immer gesagt, und ich habe ihm immer geglaubt und bin meinen Pflichten als Tochter nachgegangen. Bis ich eines

Tages aufgewacht bin und verstanden habe, dass er doch auch mein Vater ist. Er hat ebenso als Vater Verpflichtungen mir gegenüber. Er hat Normen und Werte einzuhalten, die er allesamt mit Füßen getreten hat, all die Jahre.

Und jedes Mal tut er mir noch mehr weh. Jedes Mal verurteile ich mich dafür, dass ich wieder darauf gehofft habe, dass ich einen *normalen* Vater haben kann. Wieder habe ich mich beim Träumen erwischt, wie er mich zum Altar begleitet und an meiner Hochzeit den Vater-Tochter-Tanz mit mir tanzt.

Wieder versinke ich in den tiefsten Abgrund meiner dunklen Seele, weil ich mich wieder dafür verurteile. Ich hasse meine dummen Träumereien und diese albernen Hoffnungen.

Er hat nicht aufgehört zu schreiben. Ich habe ihn mehrfach darum gebeten, mich in Ruhe zu lassen. Er ist doch mein Vater, ich möchte ihn nicht einfach blockieren und ihm den Kontakt komplett verweigern.

Irgendwie kann er ja auch nichts dafür, dass er so ist, wie er ist. Seine Eltern sind auch schon so gewesen und haben ihm alles weitergegeben. Er kennt es doch nicht anders.

Aber er hört nicht auf: „Was genau habe ich denn falsch gemacht? Ich habe dir doch jeden Abend vor dem Schlafengehen Geschichten vorgelesen. Ich habe dir das Schwimmen, das Lesen und Rechnen beigebracht! Ich war immer für dich da."

Es ist dieselbe Geschichte, die man immer wieder durchliest, in der Hoffnung, dass sich das Ende verändert. Dass es dieses Mal gut ausgeht, dass es ein Happy End hat. Und jedes Mal falle ich tiefer in den Abgrund, Wort für Wort, Silbe um Silbe.

Wie kann ich nur so dumm sein und immer wieder darauf reinfallen? Immer wieder hoffen, dass er sich doch geändert hat, dass er doch verstanden hat, dass er doch ehrliche Reue zeigt, dass er doch mein Vater ist.

Ich habe ihn schließlich blockiert. Mit zitternden Fingern, nassem Gesicht und einem bebenden Herzen. Wie konnte ich nur so dumm sein, wieder einmal auf ihn reinzufallen. Ich bin so wütend geworden, wütend auf mich. Aber vor allem wütend auf ihn, weil er der einzige Mensch ist, der es schafft, dass ich mich für meinen Optimismus hasse. Er ist der Einzige, der mich dazu bringt, mir zu wünschen, dass ich wieder Pessimist werde.

Ich habe das Handy wieder in die Hand genommen und konnte das nicht auf mir sitzen lassen. Ich hatte all diese Emotionen in mir und wusste einfach nicht wohin mit mir. Ich hatte am nächsten Tag eine Zehn-Stunden-Schicht, die um sieben Uhr beginnt, und es war bereits ein Uhr morgens.

Ich habe während dem Schreiben eine Zigarette geraucht. Und noch eine. Eine meiner Lieblingsbands singt in einem Song die Zeile *Too many cigarettes, I smoked me to death*, in solchen Momenten denke ich daran.

Ich legte mich wieder zu meinem Freund ins Bett, er nahm mich in den Arm und fing zu reden an: „Er tut dir doch nicht gut, lass doch einfach los. Löse dich doch einfach von ihm und vergiss das." Ich verstand nicht so recht, was er mir damit genau sagen wollte.

„Hol dir doch einfach eine einstweilige Verfügung", hat mir mein Freund geraten. Aber wie stellt er sich das bitte vor? Ich kann und werde meine Brüder nicht dazu zwingen, entscheiden zu müssen, ob die große Schwester oder der Vater zu Geburtstagen kommen kann. Das ist der Geburtstag, da geht es nicht um Drama. Da geht es um Liebe, Wertschätzung und vor allem dreht sich an dem Tag alles nur um das Geburtstagskind. Es sollte sich nicht um meine Probleme drehen, die ich auf einmal vor vier Jahren bekommen habe, weil ich plötzlich die Einsicht hatte, dass mein Vater an meinen Depressionen schuld ist.

Ich habe zwei Brüder, für die ich die ältere Schwester bin. Ich bin die Große, die ab einem gewissen Alter diese Verantwortung auch direkt übernehmen musste. Beide Elternteile arbeiteten und wir waren oft allein zuhause. Ich habe mich um Essen und viele andere Dinge gekümmert.

Auch später noch habe ich mich immer für alles verantwortlich gefühlt, habe mit ihnen über Dinge geredet, Sachen erklärt, Zukunftsperspektiven vorgeschlagen. Sie sind meine kleinen Brüder. Wir haben alles miteinander durchstanden und durchlebt. Wie Familien das halt so machen.

Das Thema ist ausgeartet, ich wurde emotional. Es war bereits zwei Uhr morgens, in vier Stunden würde der Wecker klingeln.

Ich bin auf das Sofa zum Schlafen gegangen, habe mir meinen Musikplayer geschnappt, Kopfhörer in die Ohren gedrückt und habe versucht zu schlafen. Nach einigen stummen Tränen kam mein Freund und legte sich ebenfalls stumm zu mir und nahm mich einfach nur in den Arm. Und meine Dämme rissen ein.

ER IST EIN MONSTER! ODER DOCH EIN OPFER?

Ich stelle mir manchmal vor, dass mein Vater mir alles mit Absicht angetan hat und in solchen Momenten glücklich dasitzt, voller Stolz, und auf mich herabblickt. Als hätte er das alles so geplant und genau so gewollt, dass ich am Ende aufgebe und er mich komplett gebrochen hat.

Bei allem, was mir heilig ist, dieser Gedanke schmerzt unfassbar, aber er ist so viel angenehmer als die Wahrheit. Als die Tatsache, dass er mir täglich die Schuld für alles gegeben hat, ohne zu wissen, was das mit mir macht. Dass er mich täglich verprügelt hat, ohne nachzudenken. Dass er mich immer wieder zu Dingen gezwungen hat, ohne zu verstehen, was das in mir auslösen wird.

Es ist einfacher, sich vorzustellen, dass er das alles genau so wollte. Das macht ihn nämlich zu einem perfekten Feindbild.

Aber so kann ich nur Mitleid mit ihm haben und schäme mich dann selbst für meine Reaktion. Denn er wusste es nicht besser, er konnte nicht nachdenken, und er konnte es einfach nicht verstehen.

Vielleicht hätte er alles anders gemacht, wenn er eine Zauberkugel gehabt hätte, die ihm die Zukunft zeigen würde. Vielleicht hätte ich dann eine wohlbehütete Kindheit gehabt und wäre vielleicht jetzt schon mit meiner eigenen Familie gesegnet. Vielleicht wäre ich dann niemals in Depressionen geraten. Vielleicht wäre ich aber trotz allem in irgendwelche tiefen Abgründe geraten und es wäre nichts anders. Was wäre, wenn …

Aber es ist manchmal eben einfacher, ihn als Monster darzustellen und nicht als Opfer zu sehen, das er nun einmal ist. Denn selbst nach all den Jahren der Kontaktlosigkeit hat er immer noch nicht die Kraft, sein Verhalten zu reflektieren und nachzudenken, weshalb ich meinen Nachnamen geändert habe. Weshalb er meinen Wohnort nicht weiß, weshalb er nicht auf meiner Hochzeit tanzen wird. Ich sollte ihn bemitleiden, weil ihm die Fähigkeit zu wachsen fehlt. Er wird mit seinem eingeschränkten Blick niemals weiterkommen und immer in seinem Trott gefangen bleiben. Er wird immer dieselben Fehler machen, immer und immer wieder. Er wird ein unglücklicher Mensch sein und niemals verstehen, warum seine Kinder sich gegen ihn gewendet haben. Weil er sich seine Fehler nicht eingestehen kann, weil er jedem anderen die Schuld gibt und niemals sich selbst.

Und selbst jetzt noch, in so einer Situation kann ich nicht anders, als anderen Gutes zu wünschen. Mit Tränen in den Augen habe ich diese Zeilen geschrieben. Mit einem gebrochenen Herz.

Und dennoch wünsche ich ihm, dass er diese Fähigkeit bekommt. Dass er es versteht, dass er glücklich sein kann. Ich habe mir oft gewünscht, dass er sich eines Tages ernsthaft bei mir entschuldigt. Lange wollte ich das für mein Ego, in der Hoffnung, dass es mir dadurch besser gehen würde und ich endlich mein Recht auf einen „echten" Vater einlösen könnte.

Aber inzwischen wünsche ich mir das vor allem für ihn. Ich wünsche mir für ihn, dass er diese Selbstreflektion durchläuft und für sich versteht, was passiert ist. Damit er daran wachsen kann, damit er es abschließen kann und nicht seiner „grundlos" verlorenen Tochter hinterherheulen muss.

Und jetzt hasse ich mich dafür. Stärke und Selbstreflektion sind extrem ätzend. Ich sollte das Opfer sein. Ich sollte ihn hassen. Ich sollte eine Beziehung mit einem tollen Menschen führen. Ich sollte nicht jetzt schon solche Ansprüche an Männer stellen und so weit vorausdenken müssen.

Ich sollte einfach im Hier und Jetzt leben. Ich sollte einfach glücklich sein und bin stattdessen im Zwiespalt und versuche meine neuen Dämonen zu bändigen.

Möglicherweise bin ich ja eines Tages so weit und schaffe es. Dann bin ich wieder ein Stückchen stärker geworden. Vielleicht finde ich ja auch den perfekten Vater für meine Kinder und wir werden glücklich bis an unser Lebensende.

Vielleicht. Ich hoffe es. Es wäre übel, wenn diese Geschichte kein Happy End bekommen würde.

DAS WEISSE KAPITEL

ICH WILL LEBEN

Letzten Monat hatte ich etwas, das man eine leichte depressive Phase nennen könnte. Durch meinen neuen Job in einem Institut für Weiterbildung bin ich dann auch ziemlich schnell dahintergekommen, was denn hierfür der Auslöser war.

Ich stand kurz vor meinem 25. Geburtstag und zu dem Zeitpunkt wollte ich eigentlich bereits verheiratet sein, gutes Geld verdienen und zumindest ein Kind haben.

Dem ist natürlich nicht so. Ich habe erst einen neuen Job angefangen – der fünfte dieses Jahr wohlbemerkt –, bin noch mitten in der Ausbildung meines Hundes, den ich seit beinahe zwei Jahren trainiere, habe meine zwei Katzen und wohne in einem 200 Jahre altem Haus, dessen Eingangstüre im Winter von innen zufriert.

Und von dem perfekten Partner keine Spur.

Ich habe mich hin und wieder mit Menschen getroffen und auch trotz der Pandemie-Situation einige interessante Leute kennengelernt, aber es war recht schnell klar, dass diese meinen Anforderungen nicht genügen.

Und so kam es also, dass ich eine leichte depressive Phase hatte. Aber selbst das finde ich bereits zu krass ausgedrückt. Ich habe einfach abends etwas mehr Zeit auf dem Sofa verbracht und war etwas mehr auf Social Media unterwegs als sonst, aber ich habe keine Tränen vergossen oder gar Selbstmordgedanken gehabt. Es war lediglich etwas *erdrückend*.

Als ich dann die Ursache für diese Emotionen erkannte, war es einfach damit umzugehen. Ich musste lediglich akzeptieren, dass ich eben nur ein Mensch bin und mir dafür vergeben, dass ich mein eigentliches großes Traumziel jetzt *noch* nicht erreicht habe.

Es ist okay. Es ist vollkommen okay länger als andere für etwas zu brauchen. Gute Dinge will Weile haben. Außerdem war ich die letzten Jahre zu viel mit mir selbst beschäftigt, als dass ich noch zusätzlich ein Kind hätte in die Welt setzen können.

An meinem Geburtstag selbst hatte ich dann eine Art Wiedergeburt. Das war der erste Tag, an dem ich wirklich sagen konnte, dass ich gegen meine Depressionen gewonnen habe. Um Punkt 01:32 Uhr habe ich auf mich angestoßen. Ich war alleine zuhause und wollte meinen Geburtstag feiern. Ich habe auf mich mein Glas gehoben und so einen kitschigen Prost auf mich angesetzt:

Ich trinke heute auf dich. Auf dich und deine 25 Jahre. Auf die 25 Jahre, die du jeden Tag überlebt hast. Nein, sogar gelebt hast. Auf deine dunklen Tage, in denen du es doch noch irgendwie geschafft hast, Sonnenlicht reinzulassen. Auf die Schritte, die du gemacht hast, obwohl alles gegen dich gesprochen hat. Auf die Widerstände, die du überwunden hast. Ich trinke auf dich. Auf dich und deine 25 Jahre, die du schon am Leben bist. Du kannst stolz auf dich sein. ICH bin stolz auf mich. Ich habe so viel geschafft. Ich lebe. Und das seit 25 Jahren. Ein viertel Jahrhundert. Ich bin stolz auf mich.

Ich habe geweint. Und das vor Stolz. Ich habe richtig geheult. Ich konnte einfach nicht mehr aufhören und dieses warme Glücksgefühl hat mich komplett vereinnahmt und es hat einfach nicht aufgehört.

Ich habe es geschafft. All der Schmerz, all die Trauer.

Ich habe es wirklich geschafft, all das hinter mir zu lassen. Ich erinnere mich noch daran, als wäre es erst gestern gewesen, als ich mir das letzte Mal Tabletten eingeschmissen habe und meinem Psychologen nichts davon erzählen konnte.

Als wäre es erst letzte Woche gewesen, dass ich meinen furchtbaren Unfall hatte und mir gewünscht habe, dass ich doch an Ort und Stelle gestorben wäre.

Als wäre es noch nicht allzu lange her, als ich mich damit nicht abfinden wollte, dass jetzt jeder Tag ein Kampf gegen die Dunkelheit sein wird.

Natürlich habe ich über Jahre jeden Tag gekämpft. Alleine schon das Aufstehen morgens fiel mir teilweise schwer. Ich habe einfach keinen Sinn darin gesehen jetzt aufzustehen. Wozu auch, ich kleines Würmchen bedeute doch eh niemandem was. Es würde nicht einmal auffallen, wenn mir was zustoßen würde. Wozu also sich die Mühe geben?

Mein Vorteil an solchen Tagen war einfach, dass ich ein verantwortungsbewusster Mensch bin. In meinen schlimmsten Phasen habe ich mir meine Tage voll mit irgendwelchen Terminen gelegt, damit ich einen Grund zum Weitermachen hatte. Ich habe mir Haustiere angeschafft, hatte mehrere Jobs gleichzeitig und einen viel zu großen Freundeskreis, der überall verstreut war.

Ich habe mir Gründe gegeben, um aufzustehen. Ich musste aufstehen, weil ich Verpflichtungen hatte, die ich mir unbewusst gegeben habe. Ich wusste das damals nicht.

Im Nachhinein betrachtet ist das jetzt absolut logisch. Zwei Jobs, Vollzeitstudium, Freundeskreis, Vereine, Haustiere ... Alles Dinge, die mich zu irgendwas verpflichtet haben.

Aus stündlichen Kämpfen wurden tägliche, irgendwann nur noch wöchentliche, dann monatliche. Und jetzt muss ich nicht einmal mehr daran denken, dass ich eigentlich an Depressionen erkrankt bin und mit mir zu kämpfen habe.

Ich muss mich nicht mehr daran erinnern, was das Leben lebenswert macht. Ich muss keine Verpflichtungen mehr eingehen. Ich gehe sie jetzt ein, weil ich es will.

Ich muss keine Angst mehr haben, mich zu verlieben oder verletzt zu werden, weil ich weiß, dass ich mit allem umgehen kann. Ich werde nicht mehr versuchen mir das Leben zu nehmen. Ich werde einfach weitermachen.

Ich bin die beste Version meines Selbst geworden. Und morgen ist ein neuer Tag voller neuer Erkenntnisse und dann bin ich wieder besser, als ich es heute bin und gestern war. Und wenn die Zeit so weit ist, werde ich dieses Glück an meine eigenen Kinder weitergeben.

ROTHAARIGE W 25 SUCHT ...

Wegen meiner Vergangenheit fällt mir die Männerwahl sehr schwer. Ich beeinflusse damit nicht nur den Rest meines Lebens, sondern auch das Leben meiner zukünftigen Kinder. Werden sie eine gesunde Beziehung erleben dürfen? Oder werden es auch Scheidungskinder? Wie kann ich sichergehen, dass der Mann auch ohne meine Anwesenheit angemessen mit den Kindern umgeht?

Mein Perfektionismus macht mir hier so oft einen Strich durch die Rechnung. Bereits wegen Kleinigkeiten schreibe ich Männer ab. Hinzu kommt meine unglaubliche Weitsicht.

Ich will keine Scheidung und so gehe ich hier mit Vorsicht an die ganze Geschichte ran. Eine Vorsicht, die mich vermutlich meine zukünftigen Kinder kosten wird.

Außerdem bin ich eine starke Frau. Unabhängig, intelligent, attraktiv, selbstbewusst. Ich habe gute Freunde, ein solides Einkommen, bin fähig, selbst eine Glühbirne zu wechseln. Ich kann bei Fußball mitreden, bei politischen Themen, kann programmieren und weiß ziemlich viele Dinge über Autos. Ich bin ziemlich emanzipiert und komme ohne Mann prima zurecht. Ich habe das Jahr 2020 mit einer roten Mähne bis zum Hintern begrüßt und das Jahr mit einer Glatze verabschiedet.

Dennoch merke ich, wie der Kinderwunsch in mir langsam immer größer wird. Und es liegt in meiner Verantwortung, den Vater meiner Kinder auszusuchen. Meine letzten zwei Partner hatten mehr mit meinem Erzeuger gemeinsam, als mir lieb ist. Der Nächste wird der Letzte sein und muss daher der perfekte Vater sein.

Das ist eine so große Verantwortung, bei der ich einfach Angst habe zu versagen. Ich weiß, dass ich keine perfekte Mutter sein werde. Aber ich möchte meinen Kindern so viel Liebe schenken, wie sie benötigen. Ich möchte eine harmonische Familie. Ich möchte, dass sie mit dem Wissen aufwachsen, dass sie alles werden können, was sie wollen.

Wenn mein Sohn eine Ballerina sein will, darf er das. Wenn meine Tochter lieber blaue Kleidung möchte, dann kauf ich ihr welche. Und wenn mein Kind ein Einhorn sein will, dann ziehe ich auch meinen Einhorn-Pyjama an.

Doch welcher Mann wird heutzutage solche Dinge akzeptieren? Ein Mann hat stark zu sein, er darf nicht weinen, darf keine Gefühle zeigen. Ein Mann muss Sportarten betreiben und auf Frauen stehen. Eine Frau muss im Haushalt gut sein und zu allem ja und amen sagen. Das bringt man von Kindesbeinen jedem bei. Wo in Gottes Namen soll ich einen solchen Mann finden, dem die Geschlechterrollen egal sind? Der meinen Kindern dieselbe bedingungslose Liebe schenken wird, die ich geben möchte?

Ein Mann, der nicht immer nur verlangen wird und nur Macht demonstrieren möchte. Der nicht nur rumbrüllt und die Schuld jedem anderen außer sich selbst gibt. Einen Mann, der eben anders ist als das, was ich kenne.

Ich zerbreche unter dieser Aufgabe. Ich hatte mal einen unfassbar netten Mann kennengelernt, der auch diese bedingungslose Liebe in sich trägt. Der auch einen schwulen Sohn gerne zum Ballett schicken würde und jedes andere Kind zurückmobben würde, das ihn deswegen auch nur blöd anguckt. Ein Mann, der sein Herz am rechten Fleck trägt und fürsorglich ist. Mit Humor und Ehrlichkeit.

Aber er isst kaum Gemüse. Ich möchte nicht, dass meine Kinder ein Vorbild haben, das kaum gesundes Gemüse isst. Mein Vater hat nur Fleisch gegessen, nie etwas anderes.

Meine Mutter hat immer nur für ihn gekocht, damit es ihm schmeckt. Natürlich haben wir Kinder dann solche Dinge nie gegessen. Ich habe erst mit 18 während meines FSJ angefangen, Gemüse als leckeres Gericht zu entdecken.

So etwas möchte ich nicht und dieser nahezu perfekte Mann ist schon aus der Runde rausgeflogen. Wie soll ich das denn schaffen? Ich stehe enorm unter Druck. Ich werde noch viele Jahre Kinder in die Welt gebären können, aber meine biologische Uhr hört nun Mal nicht auf zu ticken, nur weil ich gerade niemanden finde, der in Frage kommt.

Ich möchte aber auch keine Kompromisse eingehen. Meine Kinder sollen es besser haben als ich. Sie sollen wohlbehütet und liebevoll aufwachsen. Sie sollen Stärke erfahren und aus ihren eigenen Fehlern lernen dürfen. Natürlich werden sie auch Schmerz und Leid erfahren, aber nicht von ihren eigenen Eltern. Nicht so wie ich es tat.

Ich will glücklich sein. Ich will meinen Lebenstraum von einem Haufen Kinder erfüllen. Ich will eine harmonische Familie voller Liebe. Ich will ein Haus, in dem jeden Tag Kinder singen und toben. Ein Haus voller Liebe und erfülltem Kinderlachen.

Ich möchte meine Schwangerschaften genießen und vollkommen auskosten. Ich möchte Kinder, die wissen, dass sie mir alles anvertrauen können.

Ich habe so viel zu geben, aber niemanden, der es mir abnimmt. Niemanden, der es in meinen Augen wert ist, es zu bekommen.

Jeder hat Fehler, natürlich. Ich werde auch keine perfekte Mutter sein, ich werde auch Fehler machen und es werden auch Streitereien im Haus stattfinden. Aber ich weiß, dass ich alles dafür tun werde, dass meine Kinder am Ende tolle Erwachsene werden. Erwachsene mit einem gesunden Selbstbewusstsein, einem guten Selbstwertgefühl und einem großen Herzen für alle Lebewesen auf dieser Welt. Und bis jetzt habe ich noch keinen Mann getroffen, bei dem ich das genau so sehen kann. Bisher hat mich keiner überzeugt.

Ich weiß auch gar nicht, ob Mann mich jemals überzeugen kann oder ob meine Kindheit alles ruiniert hat. Ich hoffe, dass dem nicht so ist.

Und genau in solchen Momenten hasse ich meinen Vater. Da verschwindet meine Stärke sehr schnell. Ich bin auch nicht mehr rasend vor Wut, ich bin in tiefste Trauer eingetaucht.

Ich versuche jedes Mal an die Oberfläche zu gelangen und sehe bei jedem Versuch nur diese endlose Dunkelheit, ohne Licht am Horizont. Keine Hoffnung, keine Zukunft, keine Kinder. Und mein Vater hat wieder einmal gewonnen.

BLUT IST BLUT UND WASSER IST WASSER

Trotz meiner Wut auf meinen Vater ist Familie einer meiner wichtigsten Werte geworden. Durch meine gesamte furchtbare Reise habe ich begriffen, dass es nichts Schöneres als Familie gibt. Ich habe so gesehen nicht viel, was an Familie im traditionellen Sinne übrigbleibt. Die Familie, zu der ich gerne mehr Kontakt gehabt hätte, lebt in Russland. Und auch hier hätte ich mehr machen können. Aber ich schätze, ich habe wieder einfach Angst vor dieser großen Enttäuschung, die ich durch meine Großfamilie hier in Deutschland erleben durfte.

Ich weiß bis heute noch nicht einmal, ob mein russischer Opa, der in Deutschland lebt, überhaupt Deutsch spricht.

Ich habe schon immer alle anderen beneidet, wenn die Großeltern verstorben sind. Ja, ich habe sie beneidet. Weil dann immer Sätze fallen wie „Meine Oma hat immer gesagt …", „Mein Opa hat immer mit mir …". Ich habe das alles nicht.

Meine Oma hat mir immer gesagt: „Wer schön sein will, muss leiden." Dieser Satz hat mich wirklich lange mit unbequemer Kleidung und schmerzhaften Schuhen begleitet.

Und sonst hatte ich nicht viel von dieser Beziehung. Ich habe in der ganzen Großfamilie selten Verständnis für mich bekommen. Ich verstehe ganz genau, weshalb mein Vater so ein Mensch geworden ist. Seine Eltern sind nicht unbedingt die Sorte Mensch, die man als *warmherzig* bezeichnen würde.

Ich bin schon früh aus dem Raster *normal* rausgefallen und habe angefangen meine Haare bunt zu tragen. Während meine Mutter am Anfang hier ein großes Machtwort hatte und so meine Farbauswahl auf natürliche Haarfarben eingegrenzt hat, ist es später ziemlich eskaliert. Es gibt keine Frisur, die ich bis zum heutigen Standpunkt nicht hatte. Meine Oma sagte auch immer: „Ach Kind, was hast du schon wieder angestellt. Muss das sein?", direkt zur Begrüßung. Denn jedes Mal hatte ich eine neue Frisur oder irgendetwas anderes, das ihr nicht gefallen hat. Besonders als ich 18 wurde und meine Tätowierungen und Piercings hinzukamen. Verständnis für meine Körperkunst habe ich von keinem aus der Familie erhalten.

Ich kann mich noch an das letzte Weihnachtsfest erinnern, das ich gemeinsam mit meiner Großfamilie gefeiert habe. Ich war 18 und es war alles ein wenig anders als sonst. Das Essen in der russischen Küche ist immer sehr fleischhaltig. Ich war damals Vegetarier und habe schon mit 14 Jahren angefangen, möglichst auf Fleisch zu verzichten. Zum Frühstück esse ich heute noch selten etwas, und wenn, dann einen Pudding oder Joghurt. So viel zu meinen Essgewohnheiten.

Da kam es dann auch mal vor, dass ich zum Frühstück nichts gegessen habe, weil meine Oma keinen Pudding dahatte. Ich machte ihr aber keinen Vorwurf, weil ich eh kein Frühstücker war. Doch von ihr bekam ich immer nur Ärger. So wie Großmütter halt sind, wollte auch sie mich immer mit Essen vollstopfen. Nur halt nicht auf eine liebevolle und lustige Art, sondern mit einer ziemlichen Strenge und Verachtung in der Stimme. Meistens habe ich dann einfach nachgegeben. Ebenso beim Fleisch.

Mit dem Alter wurde meine rebellische Stimme allerdings immer lauter und ich habe meine Meinung immer mehr durchgesetzt. Es waren nun einmal meine Vorlieben und wenn ich keinen Hunger hatte, dann werde ich mich auch nicht dazu zwingen. Egal was für verachtende Dinge von meiner Oma kamen.

An diesem besagten Weihnachtsfest war aber alles irgendwie anders. Meine Oma hat mich mit offenen Armen empfangen und kein Wort zu meinen ganzen neuen Tätowierungen gesagt. Zu dem Piercing schwieg sie auch und meine Essgewohnheiten erhielten keinen einzigen Kommentar.

Im Gegenteil: Sie hat mir nach dem Festessen bei der Tante sogar vorgeschlagen, nochmal was zu kochen, weil das Essen so fleischlastig war. Sie hat mir sogar Pudding zum Frühstück gekauft. Ich habe diese Tage sehr genossen, weil ich mich ausnahmsweise mal willkommen gefühlt habe.

Und gerade weil ich mich so gefreut habe, hat mich der letzte Tag vermutlich umso mehr verletzt. Und das ist auch der Grund, weshalb ich Weihnachten bis heute nicht wirklich leiden kann. Meine Großfamilie hat es mir einfach mein Leben lang ruiniert. Aber dieses Weihnachtsfest war die Krönung.

Es war der zweite Weihnachtstag und wir waren dabei abzureisen. Die Koffer waren gerade gepackt und im Flur abgestellt. Die letzten Sachen wurden noch schnell zusammengesucht und wir waren dabei, die Schuhe anzuziehen. Weihnachten war vorbei, der Alltag kehrte zurück.

Und so auch meine gewohnte Oma, mit ihrer Null-anders-sein-Toleranz. Ich bin aus allen Wolken gefallen, als sie unseren Dalmatiner anschaute, dann mich anguckte und mit einem verachtenden Ton fragte: „Willst du eigentlich dann auch mal so wie Vikky aussehen? So voller Flecken mit deinen ganzen Tattoos?" Autsch.

Man muss ganz klar dazu sagen, dass meine Tätowierungen das Erste in meinem Leben waren, das ich nur für mich gemacht habe. Sie geben mir Mut für meine Zukunft, Weisheit aus der Vergangenheit und Halt in der Gegenwart. Mein gesamtes Leben habe ich immer nur für andere Menschen gelebt. Gefallen hier, Gefallen da, Schulter zum Anlehnen gegeben, Ohr geliehen ... Ich war immer für alle da. Jede Entscheidung, die ich getroffen hatte, habe ich immer im Sinne von irgendeiner anderen Person getroffen.

Mein erstes Tattoo war allein nur für mich. Die erste Entscheidung, die ich nur für mich getroffen habe – ohne an irgendjemanden zu denken.

Kurz zusammengefasst: Sie waren meine Schwachstelle während meiner instabilen Phase. Und meine Oma hat genau da reingebohrt. Mit diesem Satz. Nach einem solch wundervoll vorgeheuchelten Weihnachtsfest.

Die Scheidung meiner Eltern kam mir danach gerade rechtzeitig. Ich hatte endlich eine Ausrede, um diesen furchtbaren Ereignissen aus dem Weg gehen zu können.

Generell war ich immer an den Tagen bei den Großeltern für mich allein. Meistens habe ich meinen Laptop mitgenommen und an irgendwas gearbeitet – Kurzgeschichten oder Fotos bearbeitet. Ich hatte immer irgendeine Beschäftigung dabei. Mit der Familie habe ich nur dann interagiert, wenn ich musste.

Möglicherweise wäre das alles anders gewesen, wenn ich nicht so ignorant und rebellisch gewesen wäre. Vielleicht hätte sich Besserung gezeigt, wenn ich mal ein Wort gesagt hätte. Ich weiß es nicht. Ich habe damit einfach abgeschlossen, ich weiß nicht, wie es ihnen geht. Ich habe sie das letzte Mal vor mehr als fünf Jahren gesehen. Ich vermisse sie aber auch nicht. Für mich sind sie eher Fremde als Familie.

Was mich wiederum dazu bringt, dass mir meine Kernfamilie umso wichtiger ist. Meine Brüder und meine Mutter bedeuten mir alles. Vor allem meine Mutter ist zum wichtigsten Menschen in meinem Leben geworden. Sie ist meine beste Freundin und ich erzähle ihr auch wirklich alles. Egal was mir passiert, sie ist immer die erste Person, mit der ich darüber reden möchte. Und ich bin ihr so dankbar dafür. Meine Brüder haben nicht so ein enormes Familiengefühl, wie ich das habe. Aber das ist auch okay so, nicht jeder muss so in den Extremen unterwegs sein, wie ich das bin.

BIST DU NICHT WILLIG, SO BRAUCH ICH GEWALT

Die Kommunikation in unserer Familie war früher unter aller Schublade. So wurden Probleme stillgeschwiegen und die Ratschläge beruhten sich auf einzeilige Kalendersprüche. Wobei diese vermutlich sogar mehr Weisheit besitzen als jene, die mein Vater mir gab. Dinge wurden bei uns mit Gewalt gelöst. Das war unsere Art der Kommunikation.

So kam es dazu, dass ich mich früher in der Schule auch geprügelt habe. Da gab es den einen oder anderen Jungen, den ich geschlagen habe. Ich wurde gemobbt, und wenn ich zuhause davon erzählt habe, kam der Ratschlag von meinem Vater: „Du musst denen einfach nur richtig aufs Maul hauen, dann hören sie schon auf."

Andere Ratschläge gab es nicht. Also habe ich mich an diesen gehalten. Witzigerweise haben genau die dann auch aufgehört, aber es waren halt auch hauptsächlich Jungs. Verpetzt wurde ich daher auch nie, denn wer sagt schon dem Lehrer, dass er von einem Mädchen geschlagen wurde.

Ich habe diese Phase nicht lange gehabt. Ich habe sehr schnell gemerkt, dass das nicht das richtige Ventil ist, oder auch die richtige Art und Weise, mit Problemen umzugehen. Ich habe dann sehr schnell die Kommunikation für mich entdeckt. Zwar hat es mir beim Thema Mobbing nicht viel gebracht, aber immerhin habe ich mich schon sehr früh damit auseinandergesetzt.

Dieses Gefühl von „Gewalt löst alle Probleme", ich kenne das nur zu gut. Ich frage mich auch jedes Mal, wenn ich in den Nachrichten höre oder eine Doku sehe, wie es sich wohl anfühlen muss, das Leben von jemandem auszulöschen. Wie bewusst ist das dem Täter?

Versteht der Täter in diesem Augenblick, dass er gerade das Leben von jemandem beendet? Die eine Sache ist ja, wenn etwas aus dem Affekt geschieht. Die Hormone hat man nicht immer im Griff, und die lösen ja bekanntlich absurde Gefühlsachterbahnen aus. Man erkennt sich manchmal selbst kaum. Aber eine wirklich geplante Tat? Was muss passieren, dass ein Mensch bewusst so eine Entscheidung trifft und auch lange plant?

Wie viel Elend muss geschehen, dass ein Mensch denkt, er könnte nur noch mit Gewalt weiterkommen?

Bist du nicht willig, so brauch ich Gewalt.

Diese abartige Macht. Es muss doch so einiges im Selbst nicht stimmen, wenn man denkt, dass man tatsächlich nur noch mit Gewalt weiterkommt.

Oder ist es eher die Frustration darüber, dass Reden einfach nicht mehr hilft, weil man genau diese Erfahrung gemacht hat?

Oder vielleicht doch lieber das Gefühl von Macht, weil man ansonsten sich so machtlos fühlt?

Für meinen Teil kann ich tatsächlich sagen, dass ich mich einerseits machtlos gefühlt habe. Aber andererseits es einfach nicht besser wusste. Natürlich spielt da auch mit rein, dass Reden nichts geholfen hat. Aber im Nachhinein weiß ich ganz genau, dass mein zwölfjähriges Ich nicht klar und eindeutig kommuniziert hat. Ich war in einer absoluten Opferrolle. Diese Rolle habe ich ja von Geburt an aufgetragen bekommen. Ich wurde förmlich dort reingeboren. Das war mein Geburtsrecht.

Selbstverständlich gibt es dann eine Episode von Gewalt. Und selbstverständlich richtet sich diese Gewalt dann auch an Jungs oder Männer. Bei meinem ersten Partner habe ich auch stark mit meinen Gefühlen zu kämpfen gehabt. Ich habe sehr oft Sachen nach ihm geschmissen. Bei meinem zweiten leider auch. Allerdings hatte ich nicht mehr den Wunsch, ihn zu treffen. Sie haben mich einfach zur Weißglut gebracht, und ich bin in mein Reptilienverhalten verfallen. Macht Sinn, oder?

Es ist nicht einfach, aus dieser Opferrolle rauszukommen. Und wahrscheinlich möchte ich deshalb auch verstehen, wieso manche Menschen denken, dass Gewalt die einzige Lösung ist. Ich habe selbst damit gekämpft. Aber es wurde immer weniger. Wieso habe ich das hingekriegt und andere wiederum nicht? Heutzutage habe ich absolut gar kein Bedürfnis mehr danach. Ich weiß, wer ich bin, ich kenne meinen Wert, und alles andere ist mir egal.

Es ist nicht schön, in Schlägereien verwickelt zu sein. Zumindest aus der Sicht der Opferrolle. Meine letzte Schlägerei hatte ich mit 15. Das war alles andere als schön. Vor allem weil das Mädchen deutlich jünger war als ich. Ich erinnere mich noch, dass mich ein Junge gefragt hat, ob ich eine Zigarette für ihn habe. Ich habe zu dem Zeitpunkt noch nicht geraucht, da habe ich nein gesagt und so kamen wir einfach ins Gespräch.

Seine Bekannte fand das nicht lustig. Sie hat mich sehr energisch und wütend aufgefordert jetzt wegzugehen. So stur und stolz, wie ich war, habe ich nein gesagt. Ich bin mit Absicht noch dageblieben, um sie zu provozieren. Das hat ihr natürlich nicht gefallen. Sie wurde lauter und lauter, bis es mir zu blöd geworden ist und ich dann gegangen bin. Doch zufrieden war sie immer noch nicht. Sie hat mir noch hinterhergeschrien, dass ich doch jetzt stehen bleiben soll. Ich habe das einfach ignoriert und bin weitergelaufen.

In dem Moment habe ich laute Schritte von hinten gehört, die Schritte wurden immer schneller. Das Mädchen hat mich geschubst und ich habe mein Gesicht am Teer entlanggeschliffen. Ich war mit Freundinnen unterwegs, die natürlich in dem Moment direkt eingegriffen haben. Wir haben uns verteidigt. Wir waren aber deutlich in der Unterzahl. Es gab sogar ein paar Jungs, die einfach auf uns drei Mädchen eingeschlagen haben.

In einer anderen Schlägerei war ich höchstens zehn Jahre alt. Meine Freundin und ich sind auf dem Weg zum Kirchenchor gewesen, als ein fremder Junge, der in unserem Alter war, uns ebenfalls hinterhergerannt ist. Er kam aus dem Nichts, und wir haben ihm absolut nichts getan. Und dennoch hat er angefangen uns zu treten. Er hat uns beleidigt, den Tod gewünscht, und ganz viele andere furchtbare Dinge angetan. Ich war natürlich an dem Tag nicht bei der Probe. Und wirklich geglaubt hat mir zu Hause auch keiner. Ich war absolut aufgelöst, ich weiß noch, wie ich Angst hatte, diesen Weg wieder entlangzulaufen. Das Schlimmste an diesen und ähnlichen Vorfällen war aber nicht, dass ich wieder einmal verprügelt wurde oder dass es wildfremde Jugendliche waren. Oder dass ich danach seelische und auch körperliche Schmerzen hatte. Das Schlimmste an der ganzen Sache war, dass ich auch noch Spott von meinem Vater bekommen habe.

Er war der Grund, weshalb ich in Kampfsportarten gehen musste, und das seit dem Alter von sieben Jahren. Ich musste mich ja verteidigen können. Und das habe ich in dem Moment nicht richtig getan. Zumindest in seinen Augen nicht, denn sonst hätte ich ja keine Wunden gehabt. Ich habe von ihm Ärger gekriegt dafür, dass ich mich verprügeln lassen habe. Wie absurd. Diese ganze Beziehung zu meinem Vater.

Was muss passieren, dass ein Mensch sich so verhält? Dass ein Mensch seine körperliche Überlegenheit, seine Gewalt und Macht so einsetzt? Bist du nicht willig, so brauch ich Gewalt.

Mein Vater hat mich nicht nur körperlich misshandelt. Das dürfte jetzt, denke ich, klar sein. Ich kann nicht mal sagen, was mich schlussendlich mehr traumatisiert hat. Waren es die Hiebe mit der Gerte? War es das körperliche Erdrücken? Oder war es doch die fehlende Liebe? Die ständigen Schuldzuweisungen? Der Machtmissbrauch? Das Ignorieren von Grenzen?

Es ist einfach das Gesamtpaket. Diese Schläge jedes Mal, wenn ich auch nur eine Kleinigkeit vergessen habe. Oder mich nicht brav verhalten habe, eine schlechte Note hatte, mich nicht so verhalten habe, wie der Überdurchschnitt das tut. Wenn ich einfach ein normales Kind sein wollte. Ein Kind mit Fehlern, mit Flausen im Kopf, mit Träumereien, mit Schwierigkeiten, ein normales

Kind. Ein Kind, das einfach nichts sehnlicher wollte als die Zuneigung von den Eltern.

Ein Kind, das Schutz gesucht hat. Schutz vor dem Mann, der es schützen sollte.

KONTROLLE IST GUT, SICHERHEIT IST BESSER

Durch den fehlenden väterlichen Schutz war ich dazu gezwungen, die Kontrolle zu übernehmen. Auf den ersten Blick mag das ziemlich wirr und weit hergeholt klingen, doch beim näheren Hinschauen ist es absolut logisch.

Ich habe einen enormen Kontrolltick entwickelt. Dieser geht so weit, dass ich mich sogar weigere, ein Auto mit Automatikgetriebe zu fahren. Ich fahre ein gutes, teures Auto einer Premiummarke. Und dennoch hat dieses Auto nur Einparkhilfe und Sitzheizung. Mehr Schnickschnack ist hier nicht. So habe ich vollkommene Kontrolle über das Auto. Dieser Kontrollwahn zeigt sich oft in meinem Perfektionismus wieder. Alles muss bis ins kleinste Detail stimmen und durchdacht sein.

Für einen Menschen, der an Hypersensibilität leidet, eine Leichtigkeit. Ich kann nicht nicht denken. Ich bin eine absolute Niete darin, spontan zu sein oder sofort eine Entscheidung zu fällen. Ich muss alle Alternativen durchgehen, die Risiken und Chancen abwägen, alles von jedem Blickwinkel betrachten und dann kann ich mich möglicherweise entscheiden. So habe ich Kontrolle darüber, was passieren wird oder kann.

Ich habe früh gelernt, dass das *Nicht-Funktionieren* bestraft wird. Mit Gewalt, mit Ärger, mit Schmerzen. Heute wird mir als Stärke nachgesagt, dass ich eine unglaubliche Disziplin habe. Und ich weiß nicht, was ich dem entgegen sagen soll. Ist es eine Stärke, wenn man dazu gezwungen wurde? Ich hatte die Wahl: Entweder funktioniere ich, oder ich bekam Gewalt zu spüren. Gewalt von meinem Superhelden, den ich über alles vergötterte.

Ich hatte nie die Kontrolle über mein Leben. Ich durfte nie so lange draußen bleiben wie die anderen Kinder, weil mein Vater das verboten hat. Ich durfte nie Jungs-Kleidung anziehen. Ich habe auch nie Jungs-Spielsachen geschenkt bekommen.

Ich wuchs in einer Welt voller Männer auf. Die Freunde meiner Eltern hatten nur Söhne. Im Kindergarten war ich nur mit Jungs unterwegs. Meine Nachbarn waren nur Jungs. Ich habe nur Brüder und Cousins. Die einzige Cousine lebt über 5000 Kilometer entfernt. Die einzige Frau in meinem Leben war lange meine Mutter. Und sie ließ sich aufgrund ihrer alt orthodoxen Erziehung von ihrem Mann kontrollieren. Meine Lieblingsfarbe war Rot, aber in der Schule war das eine Jungsfarbe. Mädchen mochten zu dem Zeitpunkt Blau. Also wurde Blau meine Lieblingsfarbe. Später war es Rosa.

Ich musste mich kontrollieren. Hatte ich mich gut unter Kontrolle, gab es ein kleines Überraschungs-Ei. Hatte ich mich ein wenig nicht unter Kontrolle, gab es Schläge.

So lernte ich die Kontrolle über mich und teilweise die Kontrolle über andere zu behalten. Die größte Ursache für meinen Kontrolltick liegt noch in etwas anderem: Die Schuldzuweisungen meines Vaters. Dabei hat er selten mit dem Finger auf sich gezeigt. Seine Tochter schien hierbei die perfekten Voraussetzungen für diese Rolle zu haben.

Natürlich löste das einiges in mir aus. Ich lernte recht schnell dann auch, den Überblick über alles und jeden zu haben, um mögliche Konfliktsituationen mit meinem Vater umgehen oder verhindern zu können. Die Konditionierung war dann perfekt, ich verknüpfte schnell, dass es Ärger gibt, wenn ich keine Kontrolle hatte.

So begann es, dass ich alles in meiner Umgebung kontrollieren wollte, um dieser Gewalt aus dem Weg zu gehen. Inzwischen kann ich gut damit leben. Mein Perfektionismus stellt mir noch öfter das Bein als der Kontrollwahn an sich. Aber ich habe gelernt damit zu leben und kann es in gewissen Situationen auch abstellen. Es gelingt nicht immer, aber ich mache Fortschritte.

Früher habe ich beispielsweise versucht auch meine Freunde zu kontrollieren. Inzwischen weiß ich, dass so etwas unmöglich ist – abgesehen davon ist das kein schönes Gefühl, wenn jemand versucht einen zu kontrollieren. Und dennoch fühle ich mich wohl, wenn ich weiß, dass ich mich auf jemanden voll und ganz verlassen kann.

Ich lerne genau hierfür auch unfassbar gerne neue Menschen kennen und hinterfrage vieles direkt. Desto mehr unterschiedliche Typen ich kennen lerne, desto leichter fällt es mir, Vorhersagen über Reaktionen oder Verhalten zu treffen. Und desto mehr Sicherheit erhalte ich dann. Sicherheit, die meinen Kontrollwahn wieder befriedigt.

Mich faszinieren aus diesem Grund auch Horrorfilme – möglichst realistische und ohne sinnloses Gemetzel. Ein richtig guter Horrorfilm macht mich glücklich. Aus einem ganz einfachen Grund:

Jeder Film bereitet mich in gewisser Weise auf ein solches Szenario vor. So habe ich in einem Film gesehen, wie eine Frau Nägel durch ein paar Holzbretter geschlagen hat und diese dann unters Fenster im Haus legte. So würde der Einbrecher beim Einsteigen durchs Fenster erst einmal eine Wunde am Fuß haben. Das verschafft Zeit, möglicherweise gibt dieser auch noch Laute von sich – ein weiterer Vorteil.

Ich bin mir sicher, dass in einer solchen Situation der Kopf nicht gerade so zuverlässig funktioniert, dass man von alleine auf eine solche Idee kommen würde. Die Wahrscheinlichkeit ist zwar auch sehr gering, dass ich jemals in eine solche Situation komme, aber wenn, dann bin ich zumindest etwas vorbereitet. Sicherheit und Kontrolle durch Horrorfilme.

DIE ZUKUNFT IST SO UNGEWISS

Meinen Kontrolltick bekomme ich oft gebändigt, indem ich mir die nötige Sicherheit hole. Hierfür benötige ich zig Informationen, dann ist mein Kontrolltick einigermaßen gestillt. Wie beruhige ich aber meinen Kontrolltick in Hinblick auf meine ungewisse Zukunft? Ich würde gerne sagen, dass ich so weit bin. Dass ich es schaffe, eine gesunde Beziehung mit jemandem einzugehen. Ich würde gerne behaupten, dass ich all das überwunden habe und auf meiner Hochzeit nicht weinen werde, weil ich keinen Vater-Tochter-Tanz haben werde. Ich möchte gerne sagen, dass es mir egal ist, dass mein Vater nicht meinen Kindern erzählen wird, was für ein unmögliches Kind ich früher war. Ich würde so gerne sagen, dass mir all das vollkommen egal ist und ich ihm wirklich alles verziehen habe und das alles endlich hinter mir lassen kann.

Aber die Wahrheit ist, dass das alles nun einmal ein Teil von mir ist. Ich möchte es auf keinen Fall ungeschehen machen, auch wenn an manchen Tagen der Wunsch danach doch ziemlich groß war. Diese Prägungen machen mich zu der starken Frau, die ich heute bin. Diese Erlebnisse sorgen dafür, dass ich meine Kinder mit der größten Liebe der Welt erziehen werde.

Ich weiß auch ehrlich gesagt nicht, wie es mir gehen wird, wenn es eines Tages wirklich so weit ist. Wer weiß schon, wie oft mich dieses Thema noch belasten wird. Ich habe oft gesagt, dass ich meinen Vater lieber niemals kennengelernt hätte, als so einen Vater zu haben. Aber was ist schlimmer? Die Liebe eines Vaters niemals kennen lernen zu dürfen oder eine gewaltvolle Liebe zu erfahren?

In der Pädagogik lernt man früh, dass es um das gesunde Mittelmaß geht. Genug Vertrauen und Liebe auf der einen Seite und genug Strenge und Kontrolle auf der anderen. Passt hier eine Komponente nicht, kann es alles umschmeißen. Ebenso braucht jedes Kind ganz unterschiedliche Mengen von allem. Nicht jedes Kind hat dieselben Bedürfnisse, es gibt keine goldene Regel, die man hier stupide auf jedes Kind anwenden kann. Wer sagt also, dass ich es nicht genauso vermasseln werde? Mit meinem Drang nach Kontrolle?

Ich weiß nicht, ob mein Vater sich jemals bei mir entschuldigen wird. Ich weiß nicht, ob ihm jemals bewusst werden wird, was er mir genau für Kummer und Schmerz bereitet hat. Ich weiß nur, dass ich ihm verzeihen kann. Ich verzeihe ihm für all diese Dinge. Ich weiß, dass er das nicht aus purer Bosheit getan hat. Er ist auch leider kein reflektierender Mensch. Er kann einfach nichts dafür, das Leben hat in so geprägt.

Es gab eine Zeit, in der ich mich für diese Gedanken verurteilt habe. Ich habe es nicht eingesehen, dass ich wieder all den Zorn und den Kummer hinunterschlucken muss. Dass ich wieder einmal die Starke sein muss, zum Wohl aller anderen.

Das ist nicht mehr so. Ich verzeihe ihm um meinetwillen. Damit ich Frieden finden kann. Damit ich all diese Geschehnisse als positiv abspeichern kann. Damit ich bewusst an all diese Dinge rangehen kann, um mich weiterzuentwickeln und diese grauenhafte Welt zu einem besseren Ort zu machen. Um Menschen zu helfen. Um mich selbst zu finden, zu erkennen und anzuerkennen. Der Mensch, der ich wirklich bin. Nicht der, der ich mal war oder der ich sein möchte. Sondern der Mensch, der ich jetzt bin. Mit all meinen Macken, meinen Stärken, meinen Eigenheiten. Das volle Paket.

Ich verzeihe ihm für mich. Um diese Last von meinen Schultern zu werfen. Das heißt nicht, dass ich jetzt unbesiegbar bin und nie wieder an ihn denken werde. Das heißt, dass ich die Kontrolle über mein Leben wieder zurücknehme. Dass ich all diese

Schmerzen aus der Vergangenheit verarbeite, eine Stärke daraus ziehe und aufhöre ihm die Schuld für alles zu geben.

Denn die schmerzhafteste Sache ist immer noch die: Dir kann nur jemand Schmerzen zufügen, wenn du es zulässt.

Und das möchte ich nicht mehr. Ich gebe ihm keine Kontrolle mehr über mein Leben. Es ist mein Leben. Und deshalb verzeihe ich ihm. Für mich. Für meine zukünftige Familie.

MANIPULATION VOM FEINSTEN

Dass ich in meinem Leben an cholerische Männer geraten bin, dürfte inzwischen klar sein. Aber dieser eine fasziniert mich immer noch. Denn Peter war nicht cholerisch oder gewalttätig. Er war so sanft, dass er vermutlich nicht einmal einer Fliege etwas zuleide hätte tun können. Ich war positiv überrascht, dass ich mich zu einem solchen sanften Riesen überhaupt hingezogen fühlen konnte.

Peter hat mir einfach geschrieben, wir kannten uns von einer gemeinsamen Freundin, die seine Exfreundin war.

Ich habe schnell bemerkt, dass Peter mehr wollte als nur die angepriesene Freundschaft, und habe mich ehrenvoll gewehrt. Ich konnte doch einer Freundin so etwas nicht antun. Ich wollte doch, dass es jedem gut geht und dass keiner irgendwelche negativen Gefühle wegen mir empfindet.

Es kam aber alles anders. Peter wusste ganz genau, welche Knöpfe er bei mir zu drücken hat, um dem Teufelchen in meinem Konflikt mehr Stoff geben zu können. Er hatte dieses Talent, die richtigen Dinge zum richtigen Zeitpunkt zu sagen oder zu tun. Ich war einfach Butter in seinen Händen.

Und so ist es einfach geschehen, dass wir uns doch angefangen haben zu daten. Mit meiner Vernunft im Nacken habe ich aber immer versucht Abstand in die ganze Geschichte reinzubekommen. Ich habe immer nach einem Ausweg gesucht, um ihm nicht allzu nah kommen zu müssen. Und dann kam mein Autounfall.

Witzigerweise hatte ich mich nur ein paar Stunden zuvor mit ihm auf einen Kaffee getroffen, er hat mir von seinem Unfall erzählt, bei dem er sich überschlagen hat. Ich weiß noch, wie ich zu ihm sagte: „Ich kann mir gar nicht vorstellen, wie sich das anfühlen muss." Noch am selben Tag habe ich ihn aus dem Krankenhaus angerufen mit den Worten: „Dreimal darfst du raten, was mir passiert ist. Du wirst es nicht glauben."

Peter war für mich da zu diesem Zeitpunkt. Er hat mich besucht, hat mit mir telefoniert, hat mir Halt gegeben. Nach meinem Unfall hat es sich so angefühlt, als ob mein Gehirn einmal resettet wurde und als hätte jemand die Kabel wahllos neu verbunden. Es war einfach ein Chaos. So hatte meine Vernunft absolut keine Chance gegen das Teufelchen und ich habe einige unkluge Entscheidungen getroffen.

Zum Beispiel mir eine perfekte und wunderschöne Zukunft mit diesem liebevollen Mann auszumalen. Unsere Geschichte dauerte nicht lange an, aber meine Gefühle waren intensiv, auch wenn ich es mir nicht eingestehen wollte und bis zu diesem Zeitpunkt auch niemals öffentlich zugegeben hätte.

Er war einfach in einem schwachen Moment für mich da und hat mir Halt gegeben. Da musste das zwangsweise passieren. Irgendwann war dann auch das schlechte Gewissen gegenüber der Freundin weg und ich konnte es sogar schon fast genießen.

Seine bezaubernden Worte, seine Versprechen, diese liebevolle sanfte Art. Wie ich das an ihm geliebt habe. Und das Verschweigen hat dem Ganzen noch ein wenig Feuer mitgegeben. Fertig ist der hochexplosive Cocktail.

Irgendwann kamen dann nämlich die Vernunft und das schlechte Gewissen urplötzlich zurück. Ich hatte versucht diese Situation Peter irgendwie zu erklären. Total geschwächt vom Unfall und benebelt vom Trauma war das gar nicht so einfach. Denn jedes Mal, wenn ich in seine Augen schaute, war die Welt wieder kurz in Ordnung. Da waren keine Schmerzen, keine Angst vor einer Lähmung und meiner Zukunft. Da war einfach pures Glück und absolute Wärme.

Und dennoch habe ich es irgendwie geschafft, das alles zu beenden. Mehr oder minder. Er hat es verstanden, wollte aber nicht aufgeben. Er meinte zu mir, dass er das der gemeinsamen

Freundin erklären wird. Sie wird es dann schon verstehen, dann könnten wir ohne schlechtes Gewissen weitermachen.

Ich habe ihm schon geglaubt irgendwie. Und ich habe es schon gehofft, irgendwo.

Und dann kam alles anders. Ganz anders. Diese Geschichte hätte nicht einmal ich mir ausdenken können. Und da wusste ich dann auch, weshalb ich ihn so toll fand. Er war genauso manipulativ wie mein Vater. Wenn nicht sogar noch schlimmer. Die ganze Scharade, die ganzen lieben Worte. Das war ein Teil von irgendeinem Plan. Ich weiß nicht, was sein Ziel war. Ob er mich einfach verletzen wollte, oder ob er einfach nicht allein sein konnte und diese erfundene Geschichte seine einzige Möglichkeit dafür war. So oder so, diese Geschichte hat einen Oskar verdient.

Ich habe später um Ecken – nicht von ihm selbst – erfahren, was er seiner Exfreundin genau gesagt hat, als er um ihren Segen bitten wollte.

Seiner Ansicht nach hatte er niemals irgendwelche Gefühle für mich. All die Zukunftspläne waren gelogen und erfunden. Er hätte mich niemals geküsst, das alles war voll und ganz meine Initiative. Denn ich bin ein furchtbarer Mensch und genau das wollte er ihr zeigen.

Peter wollte ihr zeigen, dass ich eine schlechte Freundin bin, also hat er angefangen mit mir zu schreiben. Er hat angefangen mir schöne Augen zu machen, nur um ihr zu beweisen, dass ich eine schlechte Freundin bin.

Selbst wenn das voll und ganz stimmen sollte, und das wirklich seine Intention war. Wieso? Ich war kein schlechter Mensch. Ich hatte mich immer bemüht alles richtig zu machen. Vor meinem Autounfall habe ich für andere gelebt und nicht für mich. Ich habe immer alles getan.

Helfersyndrom halt. Ich wollte nicht, dass es irgendjemanden so schlecht wie mir geht.

Ich habe mein Leben quasi für andere aufgeopfert und dann kommt jemand, sitzt mit mir an einem Tisch, wir wechseln wenige

Worte und er beschließt, dass er jetzt seiner Exfreundin zeigen muss, was für eine schlechte Freundin ich bin? Aufgrund weniger Worte? Nach wenigen Minuten?

Ich weiß nicht, was mich an all dem mehr verletzt hat: Die Tatsache, dass er mir was vorgemacht hat, oder die Tatsache, dass ich darauf reingefallen bin. Vielleicht beschäftigt mich auch eher der Gedanke, dass ich zu dem Zeitpunkt dachte, dass er anders war. Aber das sind sie doch alle.

Ich möchte immer alles verstehen. Ich analysiere Dinge furchtbar gerne bis ins kleinste Detail. Vor allem solche Vorfälle. Ich meine, so etwas kann man sich doch nicht einfach mal eben so aus den Fingern ziehen, oder?

Ich weiß, dass ich in dieser ganzen Geschichte nicht ganz unschuldig war. Aber hatte ich es wirklich verdient, so aufs Kreuz gelegt zu werden? Zu einem Zeitpunkt, in dem ich so unglaublich verletzlich war? Das Leben ist schon ein interessantes Phänomen.

Er hat im Übrigen alles abgestritten, als ich ihn damit konfrontiert habe. Er hat sich als Engel hingestellt, als hätte er niemals auch nur ein schlechtes Wort von mir erzählt. Das hätten die anderen nur erfunden. Er ist ja der heilige Samariter. Kurze Zeit später kam er mit seiner Exfreundin wieder zusammen. Sie haben ein Haus gekauft und geheiratet.

Das Leben hat manchmal interessante Schachzüge auf Lager.

ACHTE AUF DEINE
ÖLRESERVEN

Auch wenn ich manchmal noch an die Geschichte mit Peter denke, kann ich jetzt viel entspannter auf diese ganzen Dinge gucken. Ich empfinde schon lange keinen Schmerz mehr, es ist einfach diese Neugierde.

Was genau bewegt einen Menschen dazu, bewusst und systematisch mit den Gefühlen anderer Leute zu spielen? Es muss einem doch klar sein, dass bei einer solchen Aktion mindestens eine Person echt zu kämpfen haben wird, oder? Oder ist man so von sich überzeugt, dass man tatsächlich denkt, dass das niemals ans Tageslicht kommen wird?

Ist das alles doch eher ein unbewusstes Handeln nach dem Motto „Friss oder stirb"? Vielleicht konnte dieser sanfte Riese wirklich nicht alleine sein und nach dem er verstanden hat, dass es mit mir nicht mehr klappen wird, hat er sich all das ausgedacht, um seine Exfreundin wieder zurückzubekommen.

Damals war ich sauer auf ihn, auf mich und vor allem auf die Freundin, die ihm all das geglaubt hat. Vor allem, dass sie geheiratet haben, hat mich enorm verwirrt. Ich hatte mir ein unendlich schlechtes Gewissen eingeredet, weil sie ihm das alles geglaubt hat. Dabei habe ich mir doch echt die größte Mühe gegeben, nicht die Böse in dieser Geschichte zu sein. Ich habe ihr sogar noch geschrieben und wollte alles mit ihr klären. Aber sie hat mich ignoriert und anschließend blockiert.

Und diese Geschichte zeigt wieder einmal, dass man es niemals jedem recht machen kann. Es geht einfach nicht. Egal ob man es auf nette und freundliche Art tut, oder ob man es auf manipulative Art tut. Möglicherweise war ich ja auch doch die Böse in dieser Geschichte, weil ich einfach versucht habe, es jedem recht zu machen.

Das war eines der ersten Lektionen, die ich in diesem Gebiet erhalten habe. Man kann sich verbiegen, tausend Kompromisse eingehen, immer ja und amen sagen, aber am Ende ist man trotzdem der Bösewicht.

Meine Mutter hat mir mal eine passende Geschichte dazu erzählt, ich habe sie früher einfach nicht verstehen können, aber jetzt ist es eine meiner Lieblingsgeschichten:

Damals wurden Leuchttürme mit Öl betrieben. Der Leuchtturmwärter hatte immer mehr als genug Öl da und hat immer dafür gesorgt, dass der Turm leuchtet. So konnten die Schiffe das Land sehen und dementsprechend umlenken. Doch dann kam eine Krise und den Dorfbewohnern ging langsam das Öl aus.

Schnell kamen sie auf die Idee, dass der Wärter doch immer Öl im Turm hat. Einer nach dem anderen kam zu ihm und bat um ein wenig Öl. Der Wärter konnte nicht nein sagen, immerhin hatte er doch so viel und die anderen nichts. Er konnte diesen armen Menschen doch jetzt kein Unrecht tun.

Doch eines Tages war es dann so weit, sein gesamtes Öl war unter den Dorfbewohnern verteilt: Er hatte nicht einen Tropfen mehr für den Leuchtturm. Die Schiffe sahen die Küste viel zu spät und in jener Nacht geschah ein Unglück nach dem anderen.

Und an all dem Unglück war der Wärter schuld, denn er hatte kein Öl mehr für den Turm. Er wurde aus dem Dorf verbannt.

Genau so läuft es mit dem „Jedem recht machen wollen". Es funktioniert einfach nicht. Am Ende ist man immer der Idiot. Menschen sind einfach zu negativ gepolt. Die positiven Dinge fallen nicht auf. Dir bringen im Zeugnis zwei Einser gar nichts, wenn du genauso viele Sechser hast. Man schaut auf die schlechten Dinge und nicht auf die Guten. So läuft leider das Leben.

Man kann nur anfangen, die Veränderung zu sein, die man sich wünscht. Und man sollte darauf achten, dass man immer selbst genug Öl in der Reserve für seine Aufgaben hat.

Die Geschichte gefällt mir so sehr, weil sie einfach auf so viele unterschiedliche Arten interpretiert werden kann. Und doch sagen sie alle das Gleiche im Kern aus: Hör einfach auf dich selbst. Steh zu dir, schau nach deinen Aufgaben und helfe nur dann, wenn du es auch kannst. Es bringt niemandem etwas, wenn du ständig gibst und es allen recht machen möchtest. Am Ende bist du trotzdem der Depp vom Dienst.

Und genauso lief das alles auch mit Peter ab. Ich habe versucht es ihm recht zu machen, indem ich auf seine Gefühle eingegangen bin und mich weiterhin mit ihm getroffen, telefoniert und all den Dating-Quatsch mitgemacht habe. Ich wollte es aber auch der Freundin recht machen und bin dann jedes Mal wieder zurückgewichen und habe mit Gewissensbissen zu kämpfen gehabt.

Ich weiß nicht, welches Ende die Geschichte genommen hätte, wenn ich einfach mal auf mich gehört hätte. Möglicherweise wäre es genauso geendet, immerhin ändert das nichts daran, dass Peter so manipulativ war.

Aber möglicherweise hätte es mich weniger verletzt oder es wäre nicht ganz so schmerzhaft für mich gewesen. Ich weiß es nicht. Das sind Fragen, die keiner beantworten kann und keiner beantworten wird. Das Wichtigste ist, dass ich meine Lektion aus dieser Geschichte gelernt habe. Für die Zukunft weiß ich es besser. Ich kann die Warnzeichen schon eher erkennen und werde nicht mehr ganz so blind in irgendwelche Männer reinrennen, die einem die Welt versprechen. Lektion gelernt.

ICH BRAUCHE KEINE BESSERE HÄLFTE

Ich habe früher viel Zeit damit verbracht, nach dem perfekten Partner zu suchen. Nach der „besseren Hälfte", der „perfekten Hälfte". Es gibt einen Glauben, dass wir Menschen ja alles doppelt haben: Ohren, Arme, Beine, Augen ... Daher hatten wir auch zwei Herzen, nur schlägt unser zweites Herz in unserem Seelenpartner. Der Glaube ist schön und gibt bestimmt dem ein oder anderen einen netten Hoffnungsschimmer. Allerdings suggeriert das auch, dass man nicht in der Lage ist, ohne diesen einen Menschen zu leben.

Vollkommener Blödsinn. Jeder ist seines Glückes Schmiedes. Es ist wie im Poker: Ich habe absolut keinen Einfluss auf die Karten, die ich erhalte. Aber ich kann entscheiden, wie ich mit ihnen spiele. Es gibt unglaubliche Talente, die so gut im Bluffen sind, dass sie mit den schlechtesten Karten das Spiel trotzdem gewonnen haben.

Natürlich macht das Leben zu zweit mehr Spaß. Natürlich ist es schön, wenn man jemanden lieben kann und auch Liebe wieder erfährt. Aber in meinen Augen ist es keine „andere Hälfte". Ich bin ein vollständiger Mensch und brauche keine „bessere Hälfte", um erst vollkommen sein zu können.

Ich bin ein unfassbar romantischer Mensch. Ich liebe Sonnenuntergänge, den Blick in den Sternenhimmel, ich heule auf Hochzeiten wie ein kleines Mädchen und werde absolut schwach beim Anblick eines Babys. Ich genieße Kuschelzeiten, liebevolle Worte und lasse mir gerne kleine Aufmerksamkeiten für wichtige Menschen einfallen. Ich bin absolut kein Gegner der monogamen Ehe, im Gegenteil: Mein innigster Wunsch ist eine glückliche Familie und dass ich einen Partner bis an mein Lebensende habe. Aber: Ich mache mein Glück nicht davon abhängig.

Ich erwarte keinen Ritter in goldener Rüstung, der auf einem weißen Pferd dahergaloppiert und mir mein Leben vereinfacht. Denn ich kann Löcher in der Wand fixen, Glühbirnen austauschen und Bierkisten durch die Gegend tragen. Ich habe gelernt, selbstständig und unabhängig zu sein.

Früher war das nicht so: Ich habe in absoluter Abhängigkeit von jedem in meinem Umfeld gelebt. Es war gar nicht so wichtig, wer gerade bei mir ist. Es ging nur darum, dass überhaupt jemand da ist. Der Gedanke, dass ich eines Tages allein wohnen könnte, – furchtbar.

Ich führe eine Lebens-to-do-Liste. Auf der stand früher drauf: „Niemals allein wohnen". Ich war besessen und konnte einfach nicht allein sein. Ich bin absolut nicht mit mir selbst klargekommen und der Gedanke, mir ausgeliefert sein zu müssen, hat mir mehr als nur Gänsehaut beschert. Also habe ich mir einen viel zu großen Freundeskreis angelacht.

Ich hatte überall Freunde, eine Clique in jedem Örtchen, sodass ich niemals allein war – ganz egal wo ich gerade unterwegs war. Ich war an Wochenenden teilweise zu fünf Partys gleichzeitig eingeladen, von verschiedenen Leuten, die sich untereinander nicht kannten, und die Locations waren teilweise hunderte Kilometer voneinander entfernt. Das war ein völlig normales Wochenende bei mir. Und jeden Freitag und jeden Samstag war ich feiern. Und das nicht nur ein bisschen.

Und natürlich habe ich nach meiner besseren Hälfte exzessiv gesucht. Da muss doch irgendwo dieser Mensch sein, der in der Lage war, mich zu reparieren. Dieser Mensch, der meine Wunden sehen konnte – obwohl ich sie ihm natürlich niemals zeigen würde – und der die magische Fähigkeit haben würde, mich zu heilen. Jemand, der mich liebt, so kaputt wie ich bin, und mir einfach so aus Gefälligkeit mal eben Selbstvertrauen schenkt. Einfach so. Alleine das aufzuschreiben hört sich schon ziemlich absurd an. Aber genau das verlangt heutzutage doch jeder: „Ich kann mich nicht lieben, also muss das jemand anderes tun!"

Aber wie soll das funktionieren? Wieso sollte der Mensch, der sich selbst nicht mal als ganzen Mensch akzeptiert und der sich vermutlich auch noch hasst, von jemand anderem geliebt werden? Wenn man in Depressionen steckt, ist es nicht einfach, jemand anderem die schönen Seiten zu zeigen. Überhaupt etwas Echtes zu offenbaren, ist schwierig.

SELBSTHASS FÜHRT ZUR SELBSTLIEBE

Eine Sache, die mich wirklich aus den Depressionen gefischt hat, war Liebe. Pure Liebe im tiefsten Inneren. Empfindet man diese innere Liebe, dann kommt alles andere von allein. Man lernt, dass man anderen verzeihen kann, ohne eine Entschuldigung zu hören. Vor allem aber lernt man, sich selbst zu lieben. Verdammt, wie sehr ich mich verabscheut habe. Es gibt keine Worte auf dieser Welt, die diesen Selbsthass je angemessen beschreiben könnten. Es ist einfach abartig.

Geprägt von einem schlechten Gewissen, gefolgt auf Schritt und Tritt, bin ich irgendwie da durchgekommen. Es ist auch so schwer, ganz genau zu sagen, wann das alles angefangen hat. Ob ich überhaupt niemals gelernt hatte, was es bedeutet, sich selbst zu lieben. Möglicherweise hatte ich von Kindesbeinen an schon diesen tiefen Hass in mir.

Ich kann mich auch nicht daran erinnern, als Kind jemals stolz auf etwas gewesen zu sein. Gute Noten haben mir Prügel erspart. Das war keine Leistung, sondern ein Standard.

Von mir wurden Spitzenleistungen verlangt. Das war an der Tagesordnung. Vermutlich sind deshalb in der Pubertät dann meine Noten in den Keller gerasselt. Rebellion gegen die Eltern.

Ich kann mich an keine Momente erinnern, in denen ich wirklich stolz auf meine Leistung war. Im Hinterkopf war immer die Frage, ob es denn auch gut genug war, um überdurchschnittlich zu sein. Und jedes Mal gab es jemanden, der die Dinge besser getan hat als ich. Und sofort war ich wieder schlechter.

Von klein auf höre ich von meinen Eltern, dass ich doch etwas Besonderes bin. Ich sei hochbegabt, daher muss ich enorm gute

Leistungen immer und überall erbringen. Es wurde an der schönsten Schrift gefeilt bis zum Umfallen. Die Körperhaltung wurde mit angebundenem Stock am Rücken trainiert und sonst musste alles super gut glänzen.

Hochbegabt. Ich habe dieses Wort gehasst. Vor allem weil meine Brüder dann wirklich echte Matheüberflieger waren und Klassen übersprungen haben. Da war ich *nur* auf dem Gymnasium. *Nur.* Ich konnte absolut nichts als gutheißen, was ich angefasst habe. Nichts war gut genug.

Das hat den Selbsthass selbstverständlich noch mehr geschürt. Denn nicht einmal hochbegabt konnte ich sein. Ich dachte eine lange Zeit, dass ich doch nur adoptiert sein konnte. Weil in der Familie alle intelligent waren und ich halt nicht. Ich bin auch die Einzige, die helle Haare hat. Noch ein Punkt, der mich darin bestätigte.

Und natürlich haben meine Eltern das immer verneint. Das hat mich noch wütender gemacht. Denn wie kann ich so wenig wert sein, dass sie mir nicht einmal über meine Herkunft die Wahrheit sagen konnten und mich stattdessen belügen? Doch sie sagten die Wahrheit, ich bin deren leibliches Kind – es hat sich dennoch nach einer Lüge für mich angefühlt.

Selbsthass ist eine furchtbare Sache. Alles und jeder scheint gegen einen zu sein. Komme, was wolle.

Es ist kaum zu beschreiben, wie sich das anfühlt, wenn dieser Hass den Höhepunkt erreicht. Es sind Gedanken, die immer lauter werden und einfach nicht aufhören. Durch das ganze Mobbing in der Schule waren das auch noch echte Stimmen, die in meinem Kopf nachgehallt haben. Stimmen von Schulkameraden, die mir den Tod gewünscht haben. Stimmen, die gesagt haben, dass die Welt ohne mich viel besser dran wäre.

Das waren keine Hirngespinste. Das waren echte Worte von echten Menschen. Von Freundinnen, die mir eine Zeit lang wirklich nahe standen, vom Schulschwarm, von flüchtigen Bekannten, von Fremden.

Das bestätigt den Selbsthass noch mehr. Natürlich hat meine Familie immer gesagt, dass die blöd sind und dass ich toll bin. Aber auch hierfür hatte mein Selbsthass eine super Lösung: Die Normen unserer Gesellschaft verlangen, dass meine Familie und meine Freunde so etwas sagen. Die MÜSSEN mir Mut machen. Die MÜSSEN mich lieben. Die müssen so etwas sagen.

Nein. Man kann sagen, was man will. Mich hätte niemand aus dieser verdrehten Misere rausbekommen. Niemand, außer ich selbst.

Ich mag da aufgrund gewisser Umstände hineingefallen sein. Immerhin kann man als kleines Kind noch kein solches Bewusstsein haben, um solche Dinge zu verstehen. Aber es ist dennoch meine Aufgabe, das zu lösen.

Natürlich schafft man das nicht allein. Aber den ersten Schritt muss ich selbst tun. Ist der erste Schritt getan, kann ich auch Hilfe annehmen. Vorher geht das einfach nicht. Da prasselt dann jeder gut gemeinte Rat an einem ab oder wird sogar im schlimmsten Fall den Selbsthass nähren.

Das darf man nicht unterschätzen. In diesem Selbsthass ist einfach jeder ein Feind. Denn wenn ich mich selbst nicht lieben kann, werde ich auch nicht daran glauben, dass es jemand anderes kann. Bewusst oder unbewusst sabotiere ich dann jede Beziehung – egal welcher Art.

Bei mir persönlich waren es mehrere Faktoren, die zu diesem puren Selbsthass geführt haben, der mich öfter beinahe das Leben gekostet hat.

Aber ich bin dankbar dafür. Ich bin unendlich dankbar. Ich kann mich mit meinen 25 Jahren hinstellen und von mir behaupten, dass ich mich selbst gefunden habe. Ich habe ein absolut gesundes Selbstwertgefühl, weil ich genau weiß, was es mich gekostet hat, hierher zu kommen. Und ich weiß, dass ich nie wieder an diesen Punkt zurück möchte.

Ich will und werde alles in meiner Macht Stehende tun, um nie wieder in diesen Selbsthass zu verfallen. Es ist meine Aufgabe, mein Leben mit Freude, Liebe und Glück zu gestalten und zu leben. Es ist meine Aufgabe, auf mich aufzupassen und mich mental gesund zu halten.

Ich liebe mich heute wie ich bin. Und ich weiß, dass ich in meinem Leben immer das Beste getan habe. In jeder Sekunde habe ich immer 200 Prozent gegeben. Ich bereue absolut nichts und würde alles wieder genauso tun, wenn ich die Wahl hätte.

Ich liebe mich. Und einen Teufel werde ich tun, dass mir das irgendjemand wieder nimmt. Und ich werde alles dafür geben, damit jeder ebenfalls an diesen Punkt kommt. Denn dieses erfüllende Gefühl ist einfach unbeschreiblich schön.

STREICHELEINHEITEN FÜR DAS EGO

In letzter Zeit werde ich häufig damit konfrontiert, was mir wichtiger sei. Liebe zu geben oder Liebe zu erhalten? Wenn ich meine vergangenen Beziehungen anschaue, dann ist klar, was die Antwort ist: Liebe zu geben. Erwartungslos und anspruchslos. Wenn ich auch nur einen klitzekleinen Funken erhalte, ist es möglich, dass ich mich erneut zur Schau zu stelle und komplett ausnehmen lasse wie eine Weihnachtsgans. Gesund ist das nicht.

Aber wie soll man aus diesem Teufelskreis ausbrechen? Was ist das gesunde Maß? Ich war nach der Beziehung zu Theo auf einem egoistischen Pfad. Ich habe mit vergebenen Männern geschlafen, baute keine tiefen Beziehungen zu Männern oder Frauen auf und grundsätzlich schaute ich, dass es mir gut geht. Ich war früher ein unfassbar empathischer Mensch. Zu der Zeit war ich aber überfordert, wenn mit mir jemand offen über tiefe Gefühle geredet hat. Ich wusste nicht, wie ich reagieren sollte und kam mir vor wie ein Autist.

Berührungen versuchte ich zu vermeiden. Kuscheln vermisste ich absolut nicht. Engen Kontakt mit Freunden pflegte ich schon lange nicht mehr. Ich bin ein ziemlich schlechter Gastgeber geworden, weil mir die Bedürfnisse anderer egal waren. Ich dachte in erster Linie an mich. Wenn es mir gut geht, ist alles super. Wenn es mir nicht gut geht, dann lass ich das sein.

Ich machte anderen Leuten seltener eine Freude, obwohl ich früher gerne Geschenke gemacht habe. Einen besten Freund hatte ich zu der Zeit zwar, aber auch die Beziehung war absolut oberflächlich. Es ging hier eher um den Status „beste Freunde", denn jeder hat doch einen besten Freund.

Ich entwickelte mich von einer Person, die sich selbst für andere immer und ständig aufopfert, zu einer, die nicht einmal in der Lage ist, den Gegenüber zu trösten, wenn Tränen kullern. Kann man Autismus erlernen? Ist das eine Art Selbstschutz? Wie findet man den richtigen Weg? Die gesunde Balance?

Ich war so beschäftigt damit, alles allein hinzubekommen. Viele Jahre. In manchen Dingen fragte ich auch direkt um Hilfe. Beispielsweise habe ich einen guten Freund, der Kfz-Mechaniker ist. Wenn irgendetwas mit meinem Auto nicht stimmt, frage ich ihn um Hilfe. Aber ich schätze, das war es dann auch.

Alles andere versuchte ich auf Teufel komm raus allein zu bewältigen. Das begann mit der Trennung von Leon. Ich habe mich so abhängig von ihm gemacht, dass ich vollkommen vergessen habe, wer ich bin. Ich habe mich in tausend Legosteine aufgeteilt und ihm alles präsentiert. Hat ihm der pinke Stein nicht gefallen, habe ich alles in meiner Macht Stehende versucht, um diesen pinken Stein in seiner Lieblingsfarbe zu streichen. Es hat mal mehr, mal weniger funktioniert. Bei Theo und bei Lisa war das auch so.

Doch nach meiner ersten Trennung habe ich Folgendes gelesen:

Du bist die einzige Person, mit der du klarkommen musst. Andere können dir versprechen, für dich da zu sein. Aber wenn es hart auf hart kommt, bleibst nur du übrig. Du bist immer bei dir. Von deinem ersten bis zu deinem letzten Atemzug bist du immer da. Also sorge dafür, dass du mit dir zurechtkommst.

Es war eine Kampfansage, die mich absolut motiviert hat. Doch scheinbar habe ich das zu ernst genommen. Ich konnte lange keine Beziehungen eingehen, weil ich es nicht wollte. Ich hatte Angst davor, verletzt zu werden. Und jetzt? Jetzt will ich keine Abhängigkeiten mehr eingehen, weil ich das alles doch allein bewältigen muss.

Aber keiner kann und sollte das Leben allein durchstehen. Man braucht immer jemanden. Es gibt einfach Dinge im Leben, die man nur gemeinsam durchstehen kann. Ich verstehe das, das macht auch Sinn. Aber wie schaffe ich jetzt den Sprung, das auch emotional anzuerkennen?

Es liegt nicht daran, dass ich mich nicht öffnen kann. Ich bin ein absolut offenes Buch. Ich rede über viele Dinge, auch über persönliche Dinge. Jeder in meinem Freundeskreis kennt diese Geschichten. Jeder weiß, was für schwarze Tage ich schon hinter mir hatte. Es ist kein Geheimnis, was ich fühle oder denke. Ich bin immer ehrlich und habe gar kein Problem, so etwas mit fremden Menschen zu teilen. Und dennoch bin ich nicht in der Lage, eine tiefere Beziehung zu jemandem außerhalb meiner Familie einzugehen.

Aus Angst erneut abhängig zu werden? Oder verletzt zu werden? Aus der Gier nach der Unabhängigkeit? Wegen dem Wissen, dass ich mich habe und mich immer auf mich verlassen kann? Aus Angst vor Enttäuschungen? Oder um nicht wieder zu erfahren, dass ich es nicht wert bin?

Ich bin in allen Beziehungen absolut oberflächlich. Ich rede zwar gerne und viel über meine Gefühle, aber so nah lasse ich niemanden ran. So nah wie Leon, Theo oder Lisa war mir niemand mehr. Rückblickend habe ich sogar Theo irgendwann wieder von mir weggesperrt. Ich habe zwar keine Depressionen mehr und mir geht es auch wirklich gut. Aber ob das nach so vielen Jahren gesund ist?

DU BIST DER EINZIGE, DER DICH VERLETZEN KANN

Eines der Dinge, die ich wirklich lernen musste, war die Tatsache, dass mich eigentlich niemand verletzen kann. Absolut niemand, außer ich lass es zu. Das ist eine verdammt harte Pille. Denn erst, wenn du wirklich mit dir selbst im Reinen bist, kann dich niemand verletzen. Das beginnt beim Feminismus und endet beim Rassismus. Selbstverständlich gibt es auch gesetzlich noch Ungleichheiten. Als weißer Mann hat man auch durchaus viel mehr Vorteile in gewissen Situationen. Die Gesellschaft ist einfach so gestrickt. Aber leider liegt es nicht in meiner Macht, die Gedanken jedes einzelnen Menschen auf diesem Planeten zu verändern. Was aber ziemlich cool wäre.

Vor kurzem kam die große Diskussion auf, dass es wohl rassistisch sei, wenn weiße Menschen Dreadlocks haben. Was für ein absurder Schwachsinn. Aber ich kann das ja nicht als Schwachsinn bezeichnen, wenn ich mich nicht mit diesem Thema auseinandersetze. Gesagt, getan. Hier nun ein kleiner Exkurs zu den Dreadlocks.

Man sagt, dass es aufgrund der Kolonialisierung damals heute rassistisch sei, als weißer Mensch Dreadlocks zu tragen. Der Hintergrund ist folgender: Damals haben wir, weiße Menschen, die schwarzen Menschen versklavt, und uns schöne Dinge ihrer Kultur angeeignet. Beispielsweise Elfenbein, Schmuck, Dreadlocks …

Ergo, wenn ich als weißer Mensch wieder Dreadlocks trage, hebe ich wieder diese Geschichte hoch. Aber wieso? Hier beginnt das Thema der Verletzbarkeit.

Natürlich kann ich mir vorstellen, dass es den einen oder anderen pigmentierten Menschen tatsächlich ziemlich stört, wenn ein weißer Mensch solche Frisuren trägt. Ich kann das auch nach-vollziehen. Mein Expartner fand Brillen super, er hatte aber immer gesunde Augen. Er hat sich darüber aufgeregt und eine Fake-Brille gekauft. Diese hat er dann voller Stolz getragen. Ich fand das nicht lustig. Weil ich eine Brille tragen muss, sonst sehe ich nichts. Und ich würde alles auf der Welt dafür geben, um auf diese Brille oder auf Kontaktlinsen verzichten zu können. Diese Brille ist in meinen Augen eine Fessel, denn in manchen Situationen ist sie ziemlich unangenehm. Geschweige denn, was das an Kosten verursacht, hochgerechnet auf das ganze Leben. Und der Typ war der Meinung, dass er einfach aus Spaß jetzt eine Brille trägt? Das hat mich schon echt verletzt.

Und auch bei Afroamerikanern sieht es ähnlich aus: Die Haar-struktur ist ziemlich widerspenstig. Und so ist es für viele einfacher, Dreadlocks, Braids oder andere Frisuren zu tragen. Aus dieser Perspektive macht die Wut also Sinn, weiße Menschen mit Dreadlocks zu sehen.

Aber wieso hat mich diese Fake-Brille so aufgeregt? Meine Brille schränkt mich ein. In gewissen Situationen gibt sie mir Grenzen. Meine Sehschwäche ist, wie der Name schon sagt, eine Schwäche. Dadurch, dass mein Ex mit gesunden Augen diese Brille getragen hat, hat er mir einfach genau das vor Augen gehalten. Meine Schwäche, meine Grenze, mein Problem mit mir selbst.

Aber bewusst war mir das in dem Moment nicht, als ich ihn angeschrien habe. Wir hatten etliche Diskussionen. Bewusst wurde mir das erst Jahre später. Und genau so entsteht so was. Er hat mich mit seiner künstlichen Brille auf seinen gesunden Augen verletzt, weil ich ein Problem mit meiner Sehschwäche hatte.

Und dieses Beispiel kann man auf absolut jedes kleine oder große Problem übertragen. Das Prinzip ist überall das gleiche. Ich werde mit etwas konfrontiert, was mich verletzt, reagiere dem-entsprechend, schiebe alles auf meinen Gegenüber oder auf die Umstände, obwohl das alles meine eigene Schuld ist.

Hinter jeder verletzenden Situation steckt ein Problem zu mir selbst, dass ich noch nicht gelöst habe. Wohlgemerkt handelt es sich hierbei um unbewusste Probleme. Deshalb lohnt es sich immer, ganz genau hinzuschauen und sich selbst zu hinterfragen: Warum tut mir das gerade weh? Wieso empfinde ich diesen Schmerz dabei? Was ist der eigentliche Grund?

Ich denke nicht, dass es Menschen gibt, die niemals von irgendwas verletzt sind. Es gibt nur Menschen, die so tun, als ob sie unverletzbar wären. Aber ich denke, dass die Welt zu einem viel schöneren Ort werden könnte, wenn jeder zuerst mit dem Finger auf sich zeigt. Wenn man aufhört zu sagen „Der ist schuld" oder „Das ist schuld", sondern sich wirklich fragt: Was hieran ist meine Schuld?

Ich habe lange und oft meinem Vater die Schuld für alles in die Schuhe geschoben. Er ist schuld daran, dass ich keine Beziehung führen kann, dass ich immer an die falschen Männer gerate, dass ich in Depressionen geraten bin, keine Freunde in der Schule hatte, kein Geld hatte ...

Es hat Jahre gedauert, bis ich eingesehen habe, dass ich ja diejenige bin, die immer noch zulässt, dass er mir weh tut. Mein Selbsthass hatte zu dem Zeitpunkt, glaube ich, seinen Höchststand. Neuen Rekord geknackt, hurra.

Aber es wurde dann einfacher. Es hat mir geholfen den Frieden zu finden. Auch wenn ich aktuell wahrscheinlich immer noch nicht zu hundert Prozent fertig mit dieser Geschichte bin, kann ich doch behaupten, dass ich ziemlich weit vorwärtsgekommen bin in den letzten Jahren.

Und obwohl mir das Thema der Verletzbarkeit bewusst ist, habe ich trotzdem große Angst davor, was passiert, wenn ich mit ihm wieder anfange Kontakt zu pflegen. Das sind einfach viel zu viele Parameter, auf die ich keinen Einfluss habe und nicht kontrollieren kann. An einem schlechten Tag, an dem es regnet, ich möglicherweise hohe Rechnungen bezahlen muss, vielleicht auch eine Diskussion mit einem nahestehenden Menschen hatte oder

Ähnliches, da hätte ich einfach keine Kraft, um mich wirklich so selbstreflektiert hinstellen zu können. Das alles würde in einem Desaster enden.

Zurück zum Thema. Ein weiteres Beispiel: Feminismus ist gut. Aber in manchen Situationen sollte ich mich als Frau fragen, warum genau mich das jetzt stört. Natürlich gibt es reelle Probleme, ein reelles Ungleichgewicht. Auch noch im Gesetzestext verankert. Daran sollten und müssen wir arbeiten. Aber wieso fühle ich mich als Frau auf einmal ausgeschlossen, wenn im Text Mitarbeiter und nicht Mitarbeiter*innen steht. Vor zehn Jahren war das doch auch kein Thema. Da habe ich mich doch auch angesprochen gefühlt. Oder etwa nicht?

Der Kern dieses Problems ist einfach, dass ich die einzige Person bin, die zulassen kann, dass ich verletzt werde. Ich bin der einzige Grund für meine Gedanken und für meine Gefühle.

Denn selbst an einem regnerischen Tag kann ich immer noch die Gummistiefel anziehen und durch die Pfützen hüpfen. Und auch wenn ich einen riesengroßen Schuldenberg habe, kann ich immer noch gucken, wie ich das alles schaffe. Das ist nicht einfach. Vor allem wenn man reelle Probleme hat. Aber es gibt immer eine Möglichkeit. Nur ist diese meistens unbequem und zwingt uns zu wachsen.

DAS BUNTE KAPITEL

BAD BOYS – ICH HABE ES JA
ENDLICH BEGRIFFEN

Mich trafen meine Erkenntnisse über meinen Vater nicht wie ein Blitz. Es war ein langsames Aufwachen. Stück für Stück kamen die Puzzlestücke an ihre richtigen Stellen und so ergab es irgendwann ein vollständiges Bild.

Es hat eine ganze Weile gedauert, bis ich das alles überhaupt verstehen konnte. Bis ich aufgehört habe, diese Dinge zu verdrängen. Bis ich aus meiner programmierten Manipulation ausgebrochen bin und aufgehört habe, mich mental so abhängig von diesen Misshandlungen zu machen.

Ich habe auch heute noch manchmal stark damit zu kämpfen. Ich schätze, es ist wie eine Sucht. Gibt man einem trockenen Alkoholiker etwas Alkohol, dann wird er früher oder später wieder in die Sucht geraten.

Und so läuft das bei mir auch. Diese toxischen Beziehungen zu Männern sind ganz gefährlich. Bad-Boy-Image hin oder her, ich suche mir dann die wirklichen Kaliber aus. Die, die schon mal im Gefängnis saßen, oder kurz davor waren, in irgendwelchen Gangs unterwegs sind oder mit Drogen und Waffen zu tun haben.

Und sobald diese Männer sagen: „Du gehörst mir", bin ich Butter in deren Händen. Der Gedanke, dass sie jemanden verprügeln, weil ich nur falsch angeschaut wurde, beflügelt mich. Und ich weiß, dass es absolut falsch ist. Das ist wieder genau die Art von falscher Beziehung, die ich mein Leben lang schon geführt habe. Eine vollkommene Unterdrückung und Machtlosigkeit.

Es ist nicht einmal überraschend, immerhin war ich mein Leben lang der Besitz meines Vaters. Er hat über alles bestimmt und alles entschieden. Ich war ja seine Tochter, es war meine Aufgabe, zu gehorchen und zu gefallen.

Ich hoffe immer wieder auf dieses Gefühl, dass ich es schaffe, diesen Mann dann runterzufahren. Dieses umgedrehte Machtspiel ist meine Challenge in meinem Leben. Mein tiefster Wunsch ist es, für einen Bad Boy gut genug zu sein, um sich dem Guten, dem Licht zuzuwenden. Dass ich zum Strohhalm in seinem Leben werde. Dass ich es wert bin, dass er anfängt Dinge zu ändern, sich zu verbessern. Dass er ohne mich nicht leben kann und von mir absolut abhängig ist. Dass ich die Macht darüber erhalte, ob er steht oder fällt. Und was genau soll daran gesund sein? Fest steht, dass ich so nicht weitermachen kann.

Ein letzter und hochinteressanter Mann schafft es noch in dieses Buch und das ist Stephan. Stephan ist ein Paradebeispiel für meine toxischen Vorlieben. Er ist jedes Wochenende am Feiern und dank spezieller Substanzen teilweise tagelang ohne eine Runde Schlaf. Er ist Musiker und muss sein Rockstar-Image bewahren, schreibt entsprechende Texte über Frauen und mir hat er auch schon ein paar Texte gewidmet.

Und die sind nun einmal alles andere als romantisch, doch ich verfalle dem jedes Mal aufs Neue. Meine Knie werden weich, wenn ich seine Worte höre, die mich auf meinen Körper reduzieren. Das Absurde an der ganzen Geschichte ist, dass er es nicht herablassend meint. Er ist enorm gebildet und intelligent. Man kann sich mit ihm über so viele Dinge unterhalten, egal ob Musik, Politik, Geschichte oder das Wetter.

Es ist absolut faszinierend, wie er in einem Moment dieser extreme Bad Boy ist und im nächsten bittet er einen darum, dass man sich kurz umdreht, damit er unbeobachtet eine Line ziehen kann.

Natürlich habe ich mich über beide Ohren in Mr. Unerreichbar verliebt, der mir auch noch gesagt hat, dass ich das ja nicht tun soll. Weil er einfach gerade keine Beziehung eingehen möchte.

Ich verstehe intellektuell ganz genau, weshalb ich diesem Mann damals verfallen bin. Er passt so perfekt in mein gewohntes Schema meiner Selbstzerstörung rein. Er ist der ideale Kandidat und gewinnt vermutlich den Kampf um den schlimmsten Bad Boy in meinem Leben.

Doch das ist nicht der einzige Grund, weshalb er mir den Kopf für viele Wochen so dermaßen verdreht hatte. Der Moment, in dem ich mich plötzlich verliebt hatte, war nämlich ein ganz interessanter Zeitpunkt.

Stephan war ein Mensch, der sich immer um andere gekümmert hat. Und genau in dieser Situation hat er mir den Verstand geraubt. Weil ich mich zu dieser Zeit viel zu wenig um mich gekümmert habe.

Ich stand enorm unter Druck und habe es einfach vergessen. Da ist es kein Wunder, dass ich mich in den erstbesten Menschen verliebe, der sich um andere kümmert und mir das geben kann, was ich mir selbst nicht geben konnte.

Aber intellektuell Dinge zu verstehen und emotional anzuerkennen sind so zwei unterschiedliche Welten.

Und so bekriegten sich Engelchen und Teufelchen regelmäßig in mir. Auf der einen Seite hoffte ich, dass er begreift, dass ich ihm helfen kann, auf die helle Seite des Lebens zu gelangen. Auf der anderen Seite verstand ich, dass ich das nicht tun sollte und dass das alles nicht gesund ist.

Es ist doch nichts verkehrt daran, einem solchen Menschen die Chance zu geben, oder? Er ist kein schlechter Mensch, er hat nur eine schwierige Phase. Ich bin durch solche Phasen schon tausend Mal durchgegangen und weiß, wie gefährlich dieser Pfad allein sein kann. Da sollte niemand allein durch – auch wenn wir es alle schlussendlich dennoch machen.

Es ist doch nicht falsch, das Gute zu hoffen und an die wahre Liebe zu glauben, oder?

Jain. Denn in diesem Fall war es absolut schlecht für mich. Er ignorierte mich so gut wie es geht, versetzte mich regelmäßig und ansonsten änderte er seine Meinung in Bezug auf mich alle zehn Minuten. Seine Worte und sein Handeln stimmten auch nicht überein. So sagte er in einem Moment, dass wir nur gute Freunde sind. Im nächsten bekomme ich wieder Texte darüber, was er mit mir gerne anstellen würde, und dann küssen wir uns romantisch verliebt grinsend zum Abschied. Nur um dann eine Nachricht zu erhalten: „Tu dir das nicht an. Ich bin alles, was du verteufelst." Und recht hatte er. Er ist all das, was ich verteufele. Aber das Leben ist nicht nur schwarz und weiß. Da gibt es so viel mehr und er ist so viel mehr als nur das, was ich verteufele. Er ist Hoffnung, er ist ein Kämpfer und er kümmert sich immer um alle, egal in welchem Zustand er gerade auch sein mag. Und das schätzte ich sehr an ihm.

Ein Stück weit erkenne ich mich auch in ihm wieder, gerade in den Situationen, in denen er einfach die Verantwortung für alles übernimmt. Und genau hier kommt wieder mein Helfersyndrom ins Spiel, weil ich ihn einfach davor bewahren wollte, so auszubrennen, wie ich damals.

Ich habe einmal den Spruch gehört, dass man sich selbst all das geben soll, was man versucht, in einem Partner oder in anderen Menschen zu finden. Suche ich also einen Partner, um mich schön zu fühlen, sollte ich schauen, dass ich mir selbst das Gefühl von Schönheit geben kann.

Sei es durch Make-up, schönes Anziehen oder in meinem Fall durch die Tätowierungen. Ich fühle mich dadurch schön, zumindest oberflächlich. Mit der Zeit beginnt man dann die Schönheit von innen zu sehen und ich finde mich auch ungeschminkt und nackt vor dem Spiegel äußerst attraktiv.

Wenn ich also einen Partner möchte, für den ich es wert bin, sich positiv zu verändern, dann sollte ich das in mir selbst suchen.

Und das ist wieder ein erneuter Schmerz, denn ich dachte eigentlich, dass ich mir den Wert bereits endgültig zugeschrieben habe. Ich habe mich auch für mich selbst verändert, weil ich es mir wert war. Ich bin durch die Hölle ins Licht gegangen, nur für mich – weil ich es mir selbst wert war und immer noch wert bin.

Dennoch habe ich diesen inneren Kampf und merke immer wieder, wie es mich zu diesen Bad Boys hinzieht und ich mir innerlich wünsche, dass sie sich wegen mir verändern. Dass ich der Grund dafür bin, dass sich ihr Leben ins Licht entwickelt. Dass sie auf einmal Kinder wollen, heiraten möchten oder sonst irgendwas. Ich erwische mich jedes Mal dabei, wie ich innerlich genau darauf hoffe. Auf diesen einen Plottwist wie in den Hollywood-Streifen, in denen auf einmal ganz verrückte Dinge geschehen und man für die Liebe wie ein Wilder kämpft.

Stephan ist nur ein Beispiel von vielen Männern, bei denen ich genau dieses Gefühl entdeckte. Aber bei Stephan war meine Hoffnung enorm groß, weil er schon auf dem Weg war. Er war mental bereits auf dem besten Weg zur Selbstliebe. Ihm fehlte nur etwas oder jemand, der ihm zeigen kann, welches Bild seine Puzzlestücke ergeben sollen.

Ich kam von ihm los, indem ich mich hinsetzte und genau diese unbewussten Dinge aufgedeckt habe. Die Gedanken an ihn gingen genauso schnell wie sie kamen. Als wir uns das nächste Mal beim Feiern zufällig getroffen hatten und den Abend dann gemeinsam verbrachten, hat er wirklich meine Nerven strapaziert.

Ich konnte nüchtern feststellen, dass er ein großes Aufmerksamkeitsproblem hat, und das störte mich enorm. Ich stehe auch gerne im Rampenlicht, keine Frage. Aber ich muss es nicht. Und bei ihm wirkte das alles so, als müsste er im Rampenlicht stehen, um atmen zu können.

Die Dinge, die er mir sagte, waren absolut nichtssagend. Als ich noch abhängig von ihm war, hätte ich immer nachgebohrt und quasi das Ende dieser Sätze hören wollen. Ich hätte an seinen Lippen gehangen und mehr gewollt. Doch an diesem Abend war es mir egal. Wenn er es von sich aus nicht sagen wollte, dann war das ebenso. Ich renne niemandem mehr hinterher oder ziehe irgendwelche Dinge aus irgendwelchen Nasen.

Es war sehr interessant, diese Entwicklung zu beobachten und festzustellen, dass meine Gefühle zu ihm tatsächlich weg waren. Nur aufgrund der Tatsache, dass ich wieder angefangen hatte, mich um mich selbst zu kümmern. Ich hatte keine Erwartungen mehr, keine Hoffnungen und war auch nicht mehr abhängig von ihm.

Stattdessen fragte ich mich nur, wie ich diese Aufmerksamkeitssucht und dieses ungesunde Ego bei ihm übersehen konnte. Er hatte das Talent, ein Drama aus dem Nichts entstehen zu lassen. Stundenlange Diskussionen und eine Ich-will-recht-haben-Attitüde sorgten für den nötigen Zündstoff.

Als ich noch von ihm abhängig war, habe ich ihm genau das gegeben, was er wollte – in der Hoffnung, dass er mir das gibt, was ich brauche. Ohne diese Abhängigkeit habe ich nur genervt grinsen müssen. Interessant, was ein Perspektivwechsel im Bild alles anstellen kann.

EXKURS: KONDITIONIERUNG

Das Einmaleins eines Hundetrainings ist die Konditionierung. Hier unterscheidet man zwischen der operanten und der klassischen Konditionierung. Die klassische Konditionierung lässt sich leicht erklären. Iwan Pawlow prägte diesen Begriff mit folgendem Beispiel:

Kurz bevor ein Hund gefüttert wird, wird geklingelt. Der Hund erfährt so mit der Zeit, dass immer, wenn die Klingel betätigt wird, unmittelbar darauf das Futter folgt. Bei Wiederholung und Einhaltung dieser zeitlichen Abfolge wird der Hund irgendwann bereits sabbern, sobald die Klingel betätigt wird.

Bei einer klassischen Konditionierung werden die natürlichen Reflexe so beeinflusst, dass diese tiefgehende Muster erhalten. Wenn ein Welpe in der Prägephase beispielsweise von einem großen schwarzen Hund böse attackiert wird, ist die Wahrscheinlichkeit sehr groß, dass er für den Rest des Lebens panische Angst vor großen schwarzen Hunden haben wird. Lernt der Welpe allerdings bereits von klein auf alles kennen und erfährt dabei keine negativen Erlebnisse, so wird aus dem Welpen später ein umweltfester Hund.

Doch auch im erwachsenen Alter kann etwas so sehr auf ihn einwirken, dass es den Hund komplett verändert. So gibt es durchaus Hunde, die während eines Autounfalles im Auto saßen und seitdem nie wieder ins Auto einsteigen können, weil sie Todesangst empfinden.

Die operante Konditionierung läuft etwas anders ab. Hier nimmt man als Trainer bewusst auf die Dinge Einfluss, außerdem ist die operante Konditionierung selten so tief verankert, wie es die klassische ist. Der Hund zeigt ein Verhalten, der Trainer reagiert darauf entweder positiv oder negativ – je nachdem ob das Verhalten gewünscht war oder nicht.

Das Beibringen von Grundkommandos wie „Sitz" oder „Platz" fällt hierunter.

Es ist absolut interessant, wie sehr man genau das auf den Menschen anwenden kann. Auch Menschen werden geprägt, sie werden klassisch konditioniert. Es gibt Muster, die einfacher durchzubrechen sind als andere. So wird ein Mensch eher damit zu kämpfen haben, eine erneute Liebe einzugehen, nachdem der vorherige Partner tragisch ums Leben gekommen ist. Einen neuen Job irgendwo anzufangen, fällt einem hingegen leichter.

Hat man das Prinzip verstanden, fällt es einem wie Schuppen von den Augen. Nicht nur, dass man seinen Eigenheiten und Fehlern auf die Schliche kommen kann, man hat auch noch die Möglichkeit, sich selbst zu konditionieren.

Einfaches Prinzip: Ich darf erst auf die Couch, wenn ich die Wäsche erledigt habe. Morgens mache ich jetzt immer Sport, dann darf ich meinen Donut essen. Immer wenn ich negative Gedanken habe, denke ich an das Wetter. Immer wenn ich mir das Leben nehmen möchte, denke ich an meine Mutter.

Man programmiert sich selbst. So führt der Weg aus den Depressionen.

DIE WELT IST KEIN STUMMFILM

Was viele Menschen heutzutage nicht verstehen können, ist, dass die Welt nicht nur schwarz oder weiß ist. Wir versuchen aber immer wieder Dinge in den Extremen unterzukriegen. So heißt es beispielsweise, dass man entweder extravertiert ist oder introvertiert. Dabei ist das absoluter Blödsinn.

Natürlich gibt es welche, die eher introvertiert sind, und andere, die eher das Gegenteil sind. Nichtsdestotrotz gibt es garantiert nicht einen Menschen, der konsequent nur in einem der beiden Pole lebt.

Mich würde man als extrem extravertierten Menschen beschreiben. Eine Freundin hat sogar den Witz gemacht, dass ich nicht einmal in die Skala von eins bis zehn reinpasse – ich sprenge den Rahmen und habe einen ganz eigenen Wert erhalten.

Das stimmt auch. Wenn ich in einen neuen Club gehe, dauert es nicht lange, bis ich auf einmal bei den Menschen lande, die jeder kennt. Ich kenne hier im Umkreis sehr viele Leute, die zu den „Beliebten" und „Bekannten" gehören. Ich ziehe solche Leute mit meiner extrem offenen Art an.

Was aber nicht heißt, dass es nicht auch anders sein kann. Dieses Buch schreibe ich nicht, während ich mich mit anderen Leuten unterhalte. Ich sitze meistens auf meiner Terrasse, höre den Vögeln beim Zwitschern zu und genieße diese Stille. Ich genieße es, dass ich keinen Menschen sehen muss und mich komplett mit mir auseinandersetzen kann.

Ich kann auch zu einem ziemlich komplizierten Monster werden, wenn ich zu lange auf meiner extravertierten Seite lebe. Dann brauche ich wieder eine Pause von all diesem Trubel und kehre wieder in mich. Ich finde dann wieder die Ruhe in mir und kann mich dann auch für Wochen bei meinen Freunden nicht melden. Es ist kein Schwarz und Weiß. Es sind Tendenzen, die mal so und mal so ausfallen. Dieses Prinzip bezieht sich auf absolut alles. Manchmal habe ich Phasen, da bin ich der glücklichste Single auf der Welt und der Inbegriff von Emanzipation. Ich rede mir die Dinge nicht schön oder tu so, als ob ich keinen Partner brauche. Es ist in diesen Situationen tatsächlich so. Da sehe ich in einer Partnerschaft nur die Enge und Probleme. In diesen Phasen bin ich voller Energie. Ich knüpfe viele nützliche Kontakte für meine unterschiedlichen Projekte und treibe alles enorm voran.

Und dann kommt wieder mein kleines Mädchen hoch, das auf einmal auf dem Sofa sitzt, einen Eisbecher mit Mini-Marshmallows auf dem Schoß hat und von ihrem Troy Bolton träumt.

Dann sehne ich mich nach meinem perfekten Menschen und werde wirklich anstrengend. Ich fange an, Dinge irgendwo hineinzuinterpretieren und vergesse mich selbst. Ich werde faul, will mit keinen Menschen interagieren und habe das Bedürfnis, mich selbst zu bemitleiden.

Letzteres hat früher immer dafür gesorgt, dass mein Gedankenstrudel mich in den Abgrund zieht. Weil ich da noch in Schwarz und Weiß gedacht habe. Heute weiß ich, dass solche Phasen vollkommen normal und in Ordnung sind. Es ist vollkommen okay, wenn man auch mal schwache Phasen hat.

Auch wenn ich dann mal in Selbstmitleid verfalle, endet das niemals in Selbstvorwürfen. Ich weiß, dass es dazu gehört. Wer enorm viel leistet und wirklich hart an sich arbeitet, der hat eben auch eine Pause verdient. Ein Mensch kann keine 24/7 für sein gesamtes Leben nur Ergebnisse liefern – egal ob es um die Arbeit oder die Persönlichkeitsentwicklung geht.

Es gibt Menschen, die ihre Pausen sehr gut verstecken können. Viele verdrängen die Tatsache auch einfach und haben am Ende dann einen Burnout. Aber im Leben geht es nicht darum, nur zu funktionieren oder zu überleben. Erst, wenn wir akzeptieren, dass zum Leben so viel mehr dazugehört und es zig Facetten gibt, erst dann können wir anfangen zu leben.

Es fängt zuerst bei uns selbst an, dass wir bei uns unsere unterschiedlichen Seiten akzeptieren und lieben lernen. Dazu gehören auch die, die wir oder die Gesellschaft nicht so mögen. Dann bleibt uns immer noch die Wahl, ob wir es ändern oder es uns zumindest erträglicher gestalten.

Wenn ich meine introvertierten Phasen habe, gönne ich mir echt vieles. Ich lasse mir ein warmes Bad ein, zünde Kerzen an und höre dabei entspannende Musik. Ich schaue meine Lieblingsfilme an, schreibe an diesem Buch weiter oder genieße einfach die Stille auf meiner Terrasse.

Ich schreibe dann einen Song, trage eine Gesichtsmaske auf oder koche was Besonderes. Ich genieße die Zeit mit mir und zwinge mich zu absolut nichts, worauf ich keine Lust habe. Wenn mir nicht danach ist, das Haus zu verlassen, dann ist das eben so. Ich weiß, dass sich das auch wieder ändern wird und ich dann wieder überall unterwegs sein werde.

Manchen Leuten fällt es sehr schwer, das zu akzeptieren. Sie lernen mich als enorm extravertierte Person kennen und können nicht verstehen, dass ich dann auch Momente habe, in denen mir nicht danach ist. Dass ich dann auch mal mein Handy nur für Notfälle anhabe und auf Instagram nur poste, damit sich keiner Sorgen machen muss. Mir geht es ja gut, ich habe keine Lebenskrise. Mir ist dann nur nicht nach Menschen.

Für mental nicht gesunde Menschen ist die Welt aber schwarz und weiß. Es ist einfacher, alles in Extremen einzukategorisieren, als zu akzeptieren, dass es kein *Weder-noch* ist, sondern ein *Sowohl-als-auch*.

Das ist auch zwingend notwendig für instabile Menschen mit psychischen Krankheiten, denn die haben genug mit sich selbst zu kämpfen. Es ist eine Art Abwehrmechanismus. Andere Menschen sind entweder gut oder böse, Lebensretter oder Bösewicht.

Dennoch sollte man zumindest darüber nachdenken und diese Art zu denken in Betracht ziehen. Es ist von so vielen Faktoren abhängig, weshalb ein Mensch in einer Situation so reagiert, wie er das tut. Wenn man das verstanden hat, hört man auch auf zu verurteilen und wird einfach entspannter.

Dann reagiert ein Mensch irgendwie unpassend und es ist in Ordnung. Man kann dann offen darüber reden und nachfragen, was denn los ist.

Genauso kann ich dann auch akzeptieren, dass ich gerade einfach einen nicht ganz so guten Tag habe. Ich sehne mich immer dann nach einem Partner, wenn ich einen Kater habe. *Ressourcenschwacher Zustand* nennen das die Fachleute. Ich mache mir dann keine Vorwürfe und akzeptiere es einfach. Es ist ein aktueller Zustand, der aufgrund unterschiedlicher Faktoren gerade für eine bestimmte Zeit anhalten wird. Meine Aufgabe ist es dann, das Beste daraus zu machen.

Die Welt hat so viele schöne Farben zu bieten. So viel mehr als nur Schwarz und Weiß, selbst die zig Grautöne sind so vielseitig. Wieso also so einfältig sein und versuchen alles in nur zwei Schubladen zu stecken? Nüchtern betrachtet ist das doch ziemlich idiotisch, oder?

ICH HABE KEINE GEHEIMNISSE MEHR

Ich bin inzwischen ein offenes Buch. Jeder kennt meine Geschichte, ich mache kein Geheimnis daraus. Es ist aber nicht so, dass ich das immer sofort allen mitteilen muss. Wenn es reinpasst, erzähle ich davon. Wenn nicht, dann eben nicht.

Es gibt da einen Witz über Veganer: „Woran erkennt man einen Veganer? Er wird es dir sagen." Ich gebe mir Mühe, dass meine Vergangenheit für mich nicht zu einer Art Statussymbol wird. Dennoch hören mir die Leute gerne zu.

Ich bemerke immer wieder, auf was für eine positive Resonanz ich stoße, wenn ich Menschen davon erzähle. Besonders dankbar bin ich für die Reaktionen von Menschen, die meine Geschichte zum ersten Mal hören und mich dafür bewundern. Das stärkt mein Ego natürlich enorm. Interessanterweise sind sie oftmals auch dankbar für meine Offenheit.

Manchmal kann ich das dann allerdings nicht ganz nachvollziehen. Es ist doch immerhin mein Leben, wieso sollte ich darüber schweigen? Wieso ist es selbstverständlich zu erzählen, auf welche Schule man ging, was man als Kind für einen Beruf ausüben wollte oder welche Lieblingsfarbe man hatte? Aber es wird gesellschaftlich hoch angerechnet, wenn man über negative Dinge offen und ehrlich redet.

Dass ich Anwältin werden wollte, ist ebenso eine Tatsache meiner Kindheit wie meine Beziehung zu meinem Vater. Ich wünsche mir für die Zukunft, dass das mehr zur Normalität gehören wird. Es wäre schön, wenn man über solche Themen einfach öfter beiläufig reden könnte. Das nimmt diesen negativen Gefühlen die Macht weg. Denn wer trauert schon seiner damaligen

Lieblingsfarbe hinterher oder bereut zutiefst, dass er kein Ritter geworden ist?

Es prägt einen, es tut weh und es ist alles andere als leicht. Ich will damit auch auf keinen Fall Dinge herunterspielen und so tun, als wären meine Suizidversuche mit einer leicht versalzenen Suppe gleichzustellen. Aber wenn ich es schaffe, meine Vergangenheit als meine Normalität anzusehen, nehme ich ihr ganz einfach die Macht.

Um beim Beispiel der versalzenen Suppe zu bleiben: Ich versalze sie einmal und rege mich darüber auf. Ich kann sie jetzt wegschütten, so versalzen essen oder versuchen, durch mehr Wasser alles wieder auszugleichen. So oder so: Im Normalfall werde ich mich zehn Jahre später nicht daran stören. Ich werde wegen dieser einen Fehleinschätzung nicht aufhören, Suppe zu kochen. Ich werde auch weiterhin die Suppe von Freunden oder von der Familie essen. Möglicherweise erzähle ich diese Geschichte irgendwann auch und lache dann zutiefst über mich selbst. Vielleicht rede ich auch niemals darüber, weil es einfach nicht der Rede wert ist, über eine versalzene Suppe zu reden, und ich eigentlich keine großartigen Emotionen bei dieser Erfahrung gespürt habe. Es ist halt passiert.

Wie stark wäre es, wenn ich diese Akzeptanz jetzt auf all meine schlechten Erfahrungen aus der Vergangenheit übertragen könnte? Natürlich müssen wir daran wachsen und das alles tiefer verstehen. Aber auch aus der versalzenen Suppe lernen wir, dass wir das nächste Mal weniger Salz reinmachen, den Aufsatz richtig festschrauben oder uns Zeit lassen beim Kochen. Wir ziehen unsere Schlüsse daraus und lassen dann los. Es ist nun Teil von unserem Leben. Es gehört zu uns wie unsere Finger oder unser Zwerchfell. Es ist aus einem bestimmten Grund da und es ist gut so.

Ich bin ein offenes Buch. Und ich möchte so viele Menschen wie möglich mit meiner Geschichte erreichen. Es geht hierbei nicht darum, anzugeben, wie toll ich das doch gemeistert habe. Es geht auch nicht darum, irgendjemanden aus meiner Vergangenheit an den Pranger zu stellen und Rache auszuüben.

Es geht darum, die Welt ein kleines bisschen besser zu machen.

Dieses Buch schreibe ich hauptsächlich während der Corona-Pandemie und es gibt so viel, was gerade jetzt häusliche Gewalt und auch psychische Erkrankungen fördert.

EHRLICHKEIT WÄHRT AM LÄNGSTEN

Ich bin ein offenes Buch und hoffe sehr, dass über das Thema „Kindheitstraumata" endlich offen geredet wird. Ich wünsche mir, dass sich die kommenden Generationen verändern und mehr Liebe einkehrt. Ich wünsche mir, dass mehr Menschen offen und ehrlich mit ihren Gefühlen und Gedanken umgehen. Wenn jeder ein offenes Buch wäre, dann wäre das Leben viel einfacher.

Ich hatte ein Gespräch mit einem Arbeitskollegen über eben dieses Thema. „Das ist doch langweilig. Man braucht doch auch Geheimnisse, um interessant zu wirken", war seine Reaktion darauf. Das mag wohl sein, mysteriös ist immer sexy. Aber auch nur für eine kurze Zeit.

Welche Beziehung hält länger an? Die, in der sich beide Parteien blind vertrauen und offen über alle Probleme und Gefühle kommunizieren können, oder die, in der vieles unausgesprochen bleibt und viele Geheimnisse existieren?

Wenn man mich fragt, was mir das Wichtigste in einer Beziehung ist, dann sage ich immer Ehrlichkeit. Denn damit kommt alles andere. Kann ich ehrlich zu meinen Gefühlen stehen, werde ich diese auch kommunizieren. Wird mein Partner mir ehrlich seine Gefühle kommunizieren, werde ich ihm vertrauen. Herrscht Vertrauen, können beide Parteien ihre Gefühle immer sofort mitteilen und gemeinsam an einer Lösung für gewisse Probleme arbeiten. Und mit all dem folgt dann Respekt, Liebe und vor allem auch echt guter Sex.

Wieso also kein offenes Buch sein? Wie kann ich denn verlangen, dass ich einen Schokokuchen zum Geburtstag bekomme, wenn ich niemals sage, dass ich einen Schokokuchen möchte? Man kann sich so viele Enttäuschungen und so viel Schmerz sparen, wenn man einfach offen und direkt seine Wünsche und Ängste mit anderen teilt.

Man bekommt das, was man insgeheim möchte, und das was man nicht will, bleibt einem möglicherweise fern oder die Umstände werden zumindest milder ausfallen. Wie soll man sonst Rücksicht nehmen können, wenn man die Ängste nicht kennt?

Ich habe keine Geheimnisse. Aber ich weiß sehr wohl, wann es unangebracht ist, gewisse Dinge weiterzuerzählen. Es geht ja schließlich auch nicht darum, eine Tratschtante zu sein und für Ärger und Chaos im Umfeld zu sorgen.

Aber selbst das würde es nicht mehr geben, wenn einfach jeder offen und ehrlich mit jedem und allem umgehen würde. Was für eine schöne Vorstellung das doch ist. Eine Welt ohne Lügen, Verschwörungen und Geheimnissen. Eine Welt, in der jeder Mensch ein offenes Buch ist.

Wie einfach doch die Partnerwahl dann wäre. Noch vor dem ersten Date sage ich klipp und klar, dass ich eines Tages vier Kinder möchte. Wenn mein Gegenüber nicht genauso empfindet, dann bedanke ich mich für die Zeit und ziehe weiter oder mache eindeutig, dass das niemals auf eine Beziehung hinauslaufen wird.

Ich esse doch auch keine Muscheln, wenn ich den Geschmack absolut nicht leiden kann. Als Deko können sie aber wiederum ganz nützlich sein.

In jedem Fall bin ich aber ehrlich. Erfahrungsgemäß ist das der Gegenüber eher seltener. Oft denken sie dann, dass ich das nicht so gemeint habe oder dass sie mich schon noch umprogrammieren könnten. Aber ich weiß, was ich will, und das sage ich auch jedem ganz eindeutig. Wenn man klare Worte nicht verstehen kann oder will, kann ich leider auch nichts machen. Das ist dann nicht mehr mein Problem.

Die Welt wäre so viel einfacher, wenn jeder ein offenes Buch wäre. Wäre mein Vater ehrlich zu sich gewesen, hätte er vermutlich keine so cholerischen Anfälle gehabt. Wäre meine Mutter ehrlich zu sich gewesen, hätte sie meinen Vater wahrscheinlich niemals geheiratet. Wäre ich ehrlich gewesen, hätte ich damals meinen Lehrern in der Grundschule erzählt, dass ich misshandelt werde.

So wenig Worte, die so viel bewegen könnten.

BIN ICH WIRKLICH DIE, DIE ICH VORGEBE ZU SEIN?

Vor allem in Zeiten von Social Media will Mann männlicher und Frau weiblicher wirken. Männer haben das Sagen, sie müssen das Familienoberhaupt sein und das, was sie sagen, ist Gesetz. Widersetzt sich jemand, wird das Problem mit Gewalt gelöst. Denn genau das wird gezeigt und so wird der Mann idealisiert.

Dass Männer zudem zu ihren wahren Gefühlen nicht stehen und niemals eine Träne vergießen dürfen, ist eine andere absolut bescheuerte Aussage. Ein Mann kennt keinen Schmerz. Von wegen! Gibt man einem Mann die Möglichkeit, sich zu öffnen, wird er es tun und sich dankbar fallen lassen.

Bei den Frauen ist derzeit endlich eine Besserung zu sehen: Auf Social Media wird viel über Emanzipation und Empowerment geredet. Allerdings stelle ich mir hier dann auch immer die Frage, wie viele dieser Frauen das auch wirklich meinen, was sie da schreiben. Posten sie solche Bilder und Texte, weil sie das wirklich genau so meinen, oder möchten sie damit einfach anderen gefallen?

Ich poste auch unfassbar viele lange Texte. Vor allem jedes Jahr zum 8. März – dem Weltfrauentag – erhalten meine Follower einen netten Wutpost über irgendein Thema der Emanzipation. Das sind meine Gedanken, die ich da teile. Das sind meine Erfahrungen und es sind auch meine Glaubenssätze, an denen ich mich versuche zu orientieren. Ein guter Freund hat mich deswegen vor kurzem an den Pranger gestellt: „Du tust immer so emanzipiert und schreibst immer so kluge Worte. Dabei hältst du dich doch so selten daran. Das, was du schreibst, und das, was du bist, sind zwei verschiedene Sachen. Ich kann dir nicht mehr trauen, das passt einfach nicht zusammen. Du kannst nicht das eine schreiben und dann das andere tun und dann von mir verlangen, dass ich dir noch ein Wort glaube."

Ich hatte echt daran zu knabbern. Ziemlich ordentlich sogar. Rückblickend hatte er auch recht – zumindest in manchen Situationen.

Bestes Beispiel: Ich war früher ein unfassbar großer Moralapostel. Mit Leuten, die fremdgehen, wollte ich nichts zu tun haben. Ich habe sogar Leute gemieden, die mit vergebenen Frauen oder Männern eine Affäre hatten. Ich habe auch immer gesagt, dass ich so etwas niemals tun würde, denn mir ist das Wohl anderer unfassbar wichtig.

Und so lustig, wie das Schicksal nun einmal ist, hatte ich eine Affäre mit einem vergebenen Mann. Allerdings habe ich erst danach erfahren, dass er vergeben ist. Das war eine Situation, die völlig neu für mich war. Ich war so im Glauben, dass jeder, der so etwas macht, ein schlechter Mensch ist, und mir würde so etwas nie passieren. Pustekuchen. Also habe ich aufgehört, Menschen zu verurteilen, aber erst nachdem ich mich selbst lange dafür verachtet habe.

Inzwischen verstehe ich, dass in solchen Situationen deutlich mehr mitspielt. Wenn jemand glücklich in einer Beziehung ist, wird er nicht fremdgehen. Selbst wenn die Frau seiner wildesten Träume auf einmal nackt vor ihm steht. Zweifelt er jedoch an der Beziehung, dann wird er zumindest darüber nachdenken und es möglicherweise schlussendlich tun. Solche Affären sind einfach komplex und es sind immer beide Parteien der Beziehung schuld.

Natürlich kann man hier jetzt auch die Moralkeule schwingen und sagen: „Aber dann sprich doch vorher mit deinem Partner über Schwierigkeiten und beende die Beziehung, bevor du fremdgehst!" Aber welches Recht haben wir über andere zu urteilen? Wie genau kennen wir die Situation, in der diese Personen stecken? Wie viele Details kennen wir über die Beziehung? Sind wir allwissend? Und die bessere Frage ist: Sind wir wirklich so viel besser, dass wir möglicherweise in dieser Situation – die uns womöglich nicht einmal zu 50 Prozent bekannt ist – nicht genauso gehandelt hätten? Die Wahrheit ist: Niemand hat auch nur die geringste Ahnung, was im anderen vor sich geht.

Ich habe meine Erfahrungen gemacht und mich weiterentwickelt und so kam es dazu, dass ich die ein oder andere spannende Affäre hatte. Interessanterweise waren die meisten kurz danach wieder Single und bei der Trennung ging es nicht um das Fremdgehen. Der Hauptgrund war jedes Mal ein anderer.

Und weil mein Weltbild sich jetzt verändert hat, werde ich an den Pranger gestellt. Denn ich habe doch mal vor Jahren gesagt, dass ich so etwas niemals tun würde.

Ein anderes Thema ist auch, dass ich mich an diesen Werten lediglich orientiere. Ich kann nicht immer stark sein und mich an all diese wundervollen Leitsätze halten. Manchmal ist es einfacher, einen anderen Weg zu gehen, der dem eben nicht entspricht. Manchmal funktioniert das im Kontext nicht oder mir sind in dem Moment andere Dinge wichtiger.

Der Punkt ist einfach der: Ich gebe mir jeden Tag Mühe, wirklich die Person zu sein, die ich gerne wäre. Die Person, die diese Zeilen schreibt, die morgens voller Energie aufsteht und Yoga macht, die nahezu unantastbar und mit einem immens großen Selbstbewusstsein durch die Gegend läuft.

Aber zu sagen, dass ich immer so bin, wäre gelogen. Das ist ein Teil von mir. Ein anderer Teil ist noch schwach und muss noch gestärkt werden, aber an manchen Tagen gewinnt einfach die schwache Seite. So einfach ist das. So ist nun mal das Leben. Niemand ist immer perfekt. Niemand ist immer stark. Niemand ist genau das, was er vorgibt, in den sozialen Netzwerken zu sein.

„HILF MIR, ES SELBST ZU TUN!"

Vor kurzem habe ich mit einem Fremden über Instagram gechattet. Er schien ein sympathischer junger Mann zu sein und hatte ebenfalls eine schwere Vergangenheit. Er wurde von einem Kinderheim zum nächsten abgegeben und wechselte seine Pflegefamilien wie andere ihre Partner. Interessanterweise hat er dann Psychologie studiert und arbeitet nun mit verhaltensauffälligen Kindern und Jugendlichen aus eben solchen zerrütteten Familien.

Er sieht es als seine Aufgabe, solche Schicksale zu vermeiden, wie es ihm widerfahren ist. Das ist sehr löblich und irgendwie auch die einzig logische Konsequenz, wenn man es heil aus einer solchen Kindheit geschafft hat.

Das Problem an der ganzen Geschichte ist allerdings, dass man als Kind nicht versteht, dass das falsch ist. Ich wuchs mit einem narzisstischen Vater auf, der eine Frau geheiratet hat, die aufgrund ihrer Erziehung alles tut, was er verlangt. Das ist eine explosive Mischung, die nur Unheil mit sich bringen kann.

Wir alle waren hilflos in unserem Schicksal gefangen. Meine Mutter wurde ebenso erzogen, sie konnte ja auch nicht wissen, dass es anders funktionieren kann. Ihr gesamtes Umfeld war so eingestellt, dass die Frau alles tut, was ein Mann sagt. Ja und amen. Wehe es kommt nur ein Gegenwort. Sie hat es mir einmal so schön erklärt, dass der Mann die Nadel ist und die Frau der Faden. Dorthin, wo die Nadel geht, geht der Faden ohne Wenn und Aber mit.

Ihre Eltern lebten und leben heute noch so. Als ältestes Kind im Haus hat sie auch noch eine Vorbildfunktion und hatte bestimmt einen enorm hohen Druck – so wie ich. Wenn man in einem solchen Umfeld aufwächst und von allen Seiten genau diese Rolle zugewiesen bekommt, dann dauert das ziemlich lange, bis man diese Programmierung wieder loswird.

Man kann nicht einfach wie auf einer Festplatte die Dinge löschen oder überschreiben. Man muss den Fehler erkennen, es hinterfragen und durch den Schmerz gehen. Dann kann sich etwas ändern. Und bis dahin ist man all dem hilflos ausgeliefert. Das Schlimme an der ganzen Geschichte ist, dass die anderen es ja nur gut meinen.

„Tu dies, sonst geht es dir schlecht. Tu jenes, damit es dir besser geht." Jeder weiß, wie die Welt funktioniert. Dabei stelle ich mir immer die Frage: Wie kann für jedes einzelne Individuum die Welt gleich funktionieren?

Bei meiner jahrelangen Arbeit mit Kindern habe ich etwas Unglaubliches festgestellt: Umso jünger das Kind, desto unschuldiger ist es. Kleinkinder sind einfach ehrlich, sie machen im Normalfall nichts aus reiner Bosheit. Ich erinnere mich immer gerne zurück an einen kleinen Jungen namens Paolo. Er war damals fünf Jahre alt und hat mir oftmals Komplimente für meine Kleidung gemacht. Wenn ich ein besonders schönes Kleid anhatte, schaute er mich mit funkelten Augen an und sagte: „Boah Julia! Du siehst heute so gut aus!" Es waren ehrliche Worte und sein Gesicht strahlte bis zum Mond.

Wieso mir das so in Erinnerung geblieben ist? Nun ja, an alle Leserinnen: Wie ist die Reaktion, wenn ein fremder Mann einem diese Worte sagt? Und an alle männlichen Leser: Welcher Hintergedanke steht meistens hinter einem solchen Kompliment?

Und Paolo hat das einfach gesagt, weil er das gedacht hat und er das Kleid wirklich hübsch fand. Er hatte dabei keinen Hintergedanken, außer mir eine Freude zu machen.

Aber auch Paolo hat einmal einen großen Streit in der Gruppe ausgelöst. Ein Mädchen hat ein Kreuz gezeichnet und von Jesus und Gott erzählt. Paolo hat das gesehen und war dann unfassbar aufgebracht. Er ist ziemlich laut geworden und hat gesagt: „Das Kreuz ist ein böses Zeichen! So etwas macht man nicht! Das ist böse!" Später hat sich herausgestellt, dass ihm das seine Mutter genau so erzählt hat. Das Kreuz sei ein böses Zeichen. Es bringe dem Menschen nur Unglück.

Was möchte ich damit sagen? Als Kind ist man hilflos. Man ist dem Glauben und der Erziehung der Eltern, der Familie und dem Umfeld ausgeliefert. Weil sie es noch nicht besser wissen.

Es ist unsere Aufgabe als Erwachsene, anständige Kinder großzuziehen. Es ist unsere Aufgabe ihnen zu zeigen, wie die Welt funktioniert. Mit all ihren guten und schlechten Seiten. Es geht nicht darum, immer Friede, Freude, Eierkuchen zu spielen oder die Kinder zu „beschützen", indem wir verschweigen, dass für das Steak ein Tier gestorben sei.

Es geht darum, sie vorzubereiten wundervolle Menschen zu werden. Denn ein Kind glaubt in erster Linie alles, was das nähere Umfeld erzählt. Die Festplatte ist komplett leer bei der Geburt und wir bespielen die ersten wichtigen Programme darauf.

Wie sieht Liebe aus? Wie sieht Erziehung aus? Wie sieht Freundschaft aus? Wie läuft man? Wie spricht man? Wie kleidet man sich? Wie verhält man sich gegenüber Fremden?

Kinder lernen viel durch Beobachten. Sie nehmen so viele Dinge wahr und kopieren dann das Verhalten. Wie geht Papa mit Mama um? Wenn deren Liebe so aussieht, dann muss Liebe überall so aussehen. Das ist ein unfassbar banales Prinzip.

Als Mädchen wird man auch sehr stark davon geprägt, wie der Vater mit einem umgeht. Jungen werden von der mütterlichen Liebe geprägt. Das ist auch die erste Art von Liebe, die man vom anderen Geschlecht erfährt. Wenn man Schwierigkeiten in einer Beziehung hat, kann man das fast immer auf die Beziehung zu den Eltern zurückführen. Ich habe dieses Spiel schon so oft mit anderen Menschen gespielt und beinahe immer recht gehabt.

Ich bin auch bisexuell. Auch das ist absolut logisch bei meiner Beziehung zu meinem Vater. Er hat mir keine echte Liebe gezeigt, stattdessen habe ich diese eher von meiner Mutter bekommen.

Dennoch habe ich meinen Vater geliebt und zu ihm aufgesehen. So finde ich eben beide Geschlechter sehr anziehend.

Ich habe auch immer gedacht, dass man als Kind nun einmal so behandelt wird. Dass man geschlagen, angeschrien, belohnt und bestraft wird. Ich dachte, dass alle Väter abends immer Alkohol trinken und dann die Töchter bedrängen. Ich dachte, dass ein „Nein" von keinem Mädchen etwas wert ist.

Das weibliche Geschlecht ist eben nicht viel wert und es wird getan, was Mann sagt.

Zu verstehen, dass das nicht so ist, hat Mut, Schmerz und Tränen gekostet. Auch jetzt ist es noch schwierig. Oftmals werde ich schnell übertrieben aggressiv, wenn Mann meine Grenzen nicht akzeptiert. Manchmal traue ich mich aber auch überhaupt nicht, meine Grenzen auszusprechen, und denke mir, dass das wieder unwichtig ist. In andere Situationen gehe ich aber wieder vollkommen selbstbewusst rein und sage bestimmt „Nein".

Es ist abhängig von der Situation, meinem Gegenüber und selbstverständlich von meinem emotionalen Zustand. Bin ich ausgeruht und gut gelaunt, reagiere ich eher angemessen. Habe ich meine Periode, Hunger oder bin unausgeschlafen, kann es eher zu einem der beiden Extremen führen.

Kinder sind hilflos. Sie bekommen eine fremde Realität und leben in dieser. Sie sehen die Welt mit den Augen ihres Umfelds. Manche schaffen es dann auszubrechen und ihre eigene Realität zu gestalten. Andere verbringen ihre gesamte Lebenszeit bis zum letzten Atemzug in einer anderen Welt. Fremde Gedanken, fremde Erfahrungen, fremde Meinungen.

Ich bin auch niemals auf die Idee gekommen, irgendjemandem all das zu erzählen. Es ist eben für mich eine normale Welt gewesen. Man redet ja auch mit niemandem darüber, dass man morgens aus dem Bett aufsteht oder abends schlafen geht. Es ist einfach Normalität und über selbstverständliche Dinge redet man nicht.

Es wäre daher auch schwer gewesen, mir damals schon zu helfen. Als Erzieher oder als Lehrer hat man keine Chance, so etwas zu erkennen. Ich war als Kind relativ verhaltensunauffällig. In der Grundschule bin ich nur aufgefallen, weil ich oft träumerisch und in Gedanken versunken aus dem Fenster geschaut habe. Weil mein Bruder dann auch noch eine Klasse übersprungen hat, hat man dann schnell gedacht, dass ich ein hochbegabtes Kind sei, dem der *normale* Unterrichtsstoff zu langweilig war.

Und als in der Schule dann das Thema der Kinderrechte kam, habe ich mich nicht getraut, etwas zu sagen. Mein Wort war als Mädchen ja nichts wert. Es ist ein Teufelskreis. Und wie soll ein Erzieher oder ein Lehrer diesen Kreis durchbrechen, wenn man zig weitere Kinder zu betreuen hat? Da fallen nur die auf, die echte Verhaltensstörungen aufzeigen und somit das gesamte Klassenklima stören.

Aber gerade das ist das Paradoxon. In der Ersten Hilfe lernt man, dass man sich zuerst um die kümmern sollte, die still sind. Denn die, die schreien und laut sind, haben noch Kraft. Doch die, die bereits still daliegen, sind in größter Lebensgefahr und leiden einen unvorstellbaren Kampf. Doch wie soll man in einer Massenkarambolage die Stummen finden? Wie soll man da rechtzeitig ankommen, um das Leben zu sichern? Wie erkennt man solche Menschen unter hundert?

Als Kind ist man hilflos und es ist unsere Aufgabe als Mutter, Vater, Pädagoge, Familie oder Nachbar, das Kind zu unterstützen. Es liegt in unserer Macht ihnen die Möglichkeit zu geben, sich selbst zu finden und eine eigene Realität schaffen zu können. Wir dürfen unser Weltbild nicht auf unsere Kinder zwängen. Zeiten ändern sich und das ist auch gut so. Sonst wären wir noch heute in einer Welt der Sklaverei. Wieso ist es also immer noch gang und gäbe, dass Kinder nach unserem Willen geformt werden müssen?

Natürlich brauchen sie zuerst eine Orientierung. Aber es ist ein Unterschied, ob ich jemanden erkläre, wie man mit Karte und Kompass umgeht, oder ob ich den Weg und das Ziel vorgebe.

Entweder sage ich: „Hier oben ist Norden. Hier findest du einen Wald. Im Westen findest du das Meer. Was im Osten ist, weiß ich selbst leider nicht so genau. Im Süden allerdings erwartet dich eine große trockene Wüste mit vielen gefährlichen Tieren." Oder: „Du musst unbedingt in den Norden! Im Wald ist es sicher, denn das Meer birgt zu viele Gefahren. Dafür musst du erst einmal schwimmen lernen! Und das Unbekannte ist sowieso Tabu und im Süden … Da wirst du definitiv sterben!"

Kinder brauchen Unterstützung. Sie brauchen etwas, an dem sie sich festhalten können. Sie brauchen erste Programme auf der Festplatte, auf die sie zugreifen können. Aber sie sind durchaus in der Lage, diese Festplatte eigenständig – unter Aufsicht und Anleitung – zu programmieren.

Einfaches Beispiel: Die Herdplatte ist noch heiß. Ich kann dem Kind sagen: „Vorsicht, wenn das rote Licht leuchtet, ist die Platte noch heiß. Du kannst dich verbrennen, wenn du deine Hand hinhältst, und es wird dir weh tun." Schon hat das Kind eine Orientierung erhalten. Es kann aber eigenständig entscheiden, ob es auf meinen Rat hört oder ob es doch die Platte anfassen möchte.

Ich kann aber auch mein Leben lang dafür sorgen, dass es niemals diese Entscheidung treffen muss, indem ich immer voller Panik die warme Herdplatte mit irgendetwas abdecke. Idealerweise habe ich noch jedes Mal einen emotionalen Ausbruch, wenn ich das Kind nur in der Nähe der warmen Platte sehe. Ich kann es auch aus der Küche verbannen, wenn ich koche, und hier immer einen großen Streit anfangen.

Dieses Prinzip funktioniert mit Katzen übrigens auch. Mein Kater ist als kleines Kätzchen einmal auf eine warme Herdplatte draufgetreten. Er hatte eine schwarze Pfote, die von allein problemlos verheilt ist. Es hat ein wenig weh getan, aber seither guckt er erst einmal von weitem, ob er wärme spürt, bevor er auf die Herdplatte geht.

Mir wäre es selbstverständlich lieber gewesen, wenn mein Kater auf diesen Schmerz hätte verzichten können. Aber es war seine

Entscheidung, aus dessen Konsequenz er nun seine eigene Realität schaffen konnte.

Katzen und Kinder sind zwei Paar Schuhe, das ist mir durchaus bewusst. Aber wieso sollte eine primitive Katze in der Lage sein, solche komplexen Gedankengänge zu durchgehen, aber ein Kind nicht? Wieso kann eine Katze ihre eigene Realität schaffen und ein Kind muss mit meiner Realität leben? Beides sind abhängige und hilflose Wesen. Mit dem Unterschied, dass das eine irgendwann unsere Sprache lernt und beim anderen wird das nie geschehen.

LIEBE IST FÜR ALLE DA

Wenn mich die Leute fragen, was mir eigentlich geholfen hat, aus den Depressionen rauszukommen, dann ist die Antwort im ersten Moment gar nicht so einfach.

Natürlich hat mir der Psychologe sehr geholfen. Selbstverständlich wäre ich heute auch nicht an diesem Punkt, wenn ich den Autounfall nicht gehabt hätte. Ich habe einfach diesen Tritt in den Hintern gebraucht.

Ich habe auch einen intensiven Glauben daran entwickelt, dass alles auf dieser Welt aus irgendeinem bestimmten Grund passiert. So etwas wie einen Zufall gibt es in meiner Welt nicht. Alles passiert, vollkommen egal wie schlimm, aus einem ganz bestimmten Grund.

Es ist wie in einer ganz anderen Welt. Sobald man zulassen kann, dass wirklich alles irgendeinen Grund hat, kommt die Liebe von allein. Es ist ein absolutes Urvertrauen. Selbstverständlich habe ich auch Momente, in denen ich mir überlege: Das war jetzt nicht so geschickt.

Aber ich komme absolut schnell an diesen Punkt, an dem ich offen sein kann. Offen für das Gute in jeder schlechten Situation. Und genau das hilft mir auch. Sobald man beginnt, zu verstehen, dass die Menschen um uns herum und das Universum gar nicht gegen uns, sondern für uns sind, ist das Leben viel einfacher.

Man fängt einfach an, in jeder schlechten Situation das Gute herauszusuchen. Denn wir werden von klein auf darauf trainiert, immer nur das Schlechte zu sehen. Von den Eltern, von den Lehrern, von Freunden, von allen Menschen, die uns irgendwie prägen. Von all diesen wichtigen Menschen in unserem Leben hören wir immer Sätze wie: Das kannst du besser, das war nicht so gut, wieso hast du eine Fünf im Zeugnis, wieso ist dein Zimmer nicht aufgeräumt, du hast mich schon wieder angelogen …

Mit meinem Bruder hatte ich eine sehr interessante Diskussion. Wir hatten einen großen Konflikt in der familiären WhatsApp-Gruppe, in dem jeder natürlich von der anderen Partei verstanden werden wollte. So wie das bei jedem Konflikt der Fall ist, sagt man immer: „Ja, ja, ich verstehe dich." Dabei hat man gar nichts verstanden.

Also habe ich es mir zur Aufgabe gemacht, dass ich meinen Bruder jetzt wirklich anfange zu verstehen. Und zwar so richtig tief zu verstehen. Denn sein Punkt war, dass er das Gefühl hatte, dass ich ihn nicht verstehen kann. Und dabei war ich der Meinung, dass ich ihn sehr wohl verstehen kann. Also habe ich ihn gefragt: „Woran erkennst du, dass eine Person dich wirklich versteht?"

Mein Bruder konnte mir hundert Dinge aufzählen, an denen er ganz genau sieht, wann er nicht verstanden wird. Ich habe ihn nochmal gefragt: „Woran genau erkennst du, ganz konkret, dass eine Person dich wirklich versteht?"

Jetzt wurde mein Bruder genauer: er hat mir im Chatverlauf ganz genau die Stellen herausgesucht, in denen meine Mutter ihm das Gefühl gegeben hat, dass sie ihn nicht versteht. Er wurde konkreter, aber er hat meine Frage nicht beantwortet.

Ich hatte innerlich einen enormen Konflikt. Denn wenn ich jemanden frage: „Was ist dein Lieblingseis?" Und er antwortet mir: „Schokolade ist das nicht, Vanille finde ich auch nicht super, Erdbeere ist so in Ordnung." Weiß ich dann wirklich, was sein Lieblingseis ist?

Mit diesem Beispiel habe ich versucht, es ihm zu erklären. Und dann habe ich ein viertes Mal gefragt: „Woran konkret erkennst du, dass eine Person dich wirklich versteht?"

Mein jüngster Bruder hat daraufhin geantwortet: „Es ist schwierig so etwas aus dem Stegreif direkt zu beantworten. Das ist so ähnlich wie: ‚Woran erkennst du, dass du geliebt wirst?'"

Der Groschen ist gefallen.

Genau das ist das Problem in unserer heutigen Welt. Neun Dinge funktionieren perfekt und glänzen – und dann gibt es diese einzige Sache, die einfach nicht funktioniert. Und genau an dieser Sache hängen wir uns auf.

Und deshalb sind wir nicht in der Lage, diese einfache Frage zu beantworten. Ich habe mich bei der Frage auf das Positive konzentriert und sie auch positiv formuliert. Und ich erhalte irgendwas Schwammiges.

Das verdeutlicht dieses dermaßen große Problem so präzise. Dabei ist das so schade. Denn genau dieser Fokus auf die guten Dinge sorgen erst dafür, dass wir uns richtig entfalten können.

Die Sache, die mich wirklich aus meinen Depressionen rausgeholt hat, war schlussendlich die Liebe. Angefangen mit der Liebe zu mir selbst. Oder vielleicht doch erst mit der Liebe zur Welt? Muss ich zuerst beginnen, mich selbst zu lieben? Und dann kommt die Liebe zur Welt? Oder ist es genau andersherum?

So oder so, bei mir hat es tatsächlich mit der Liebe zur Welt begonnen. Ich habe an dem Glauben festgehalten, dass alles aus einem Grund geschieht. Ich bin diesem Urvertrauen nachgegangen, um einfach einen Sinn in all diesen furchtbaren Dingen zu finden. Und man findet einen Sinn in jeder furchtbaren Misere.

Das ist jetzt eine heftige Aussage, gerade wenn es um Krebs geht oder Ähnliches. Was genau soll gut daran sein, dass es Krebs, Krieg, Krankheiten, Morde, Vergewaltigungen und so weiter, dass es all diese Dinge gibt? Ich weiß es nicht. Aber was ich weiß, ist, dass diese Dinge deutlich erträglicher sind, wenn ich mir einrede oder fest daran glaube, dass es einen guten Grund dafür gibt.

Ich möchte das auch nicht rechtfertigen, es gibt einfach keinen Grund, um jetzt jemanden zu missbrauchen. Aber auch ich wurde misshandelt. Und das nicht nur einmal und auch nicht nur von einem Mann. Und ohne diese furchtbaren Taten von all diesen Männern, wäre ich heute nicht an diesem Punkt, an dem ich jetzt bin.

Das ist einfach ein Fakt. Und genau das meine ich damit, das Gute im Schlechten zu sehen. Alles hat irgendeinen Grund. Oder irgendeinen Sinn. Nur sehen wir den jetzt zum aktuellen Zeitpunkt möglicherweise nicht. Vielleicht erfahren wir den eigentlichen Grund auch erst zu dem Zeitpunkt, an dem wir unseren letzten Atemzug tätigen. Möglicherweise ist der Grund auch nicht für uns gut, sondern er dient jemand anderem in unserem Umfeld. Und ob wir das erfahren, liegt nicht in unserer Hand.

Genau damit hat es bei mir begonnen. Ich habe mir einfach immer eingeredet: Das hat seinen Sinn. Ich werde es noch erfahren. Alles wird gut. Das war mein Mantra.

Und so habe ich zur Liebe gefunden. Das eine kam irgendwie mit dem anderen schleichend und absolut unerwartet. Ich habe gar nicht viel mit dem Thema Selbstliebe gearbeitet. Weil ich mich enorm gehasst habe. Ich war der größte Abschaum in meinen Augen. Hätte ich eine Rangliste anfertigen sollen, wäre ich wahrscheinlich sogar noch weit unter Dolores Umbridge, Joffrey Baratheon und allen anderen furchtbaren Gestalten. Von Selbstliebe war keine Spur.

Aber ich habe den Glauben für mich gefunden. Und habe angefangen, in all den schlechten Dingen immer eine gute Sache zu finden. Und egal wie klein diese Sache auch war, Hauptsache, sie war etwas Gutes. Und es war sehr schwierig. An manchen Tagen habe ich mich echt gehasst. Allein für diesen Satz: Alles wird gut.

Aber es ist einfach eine Reise. Irgendwo muss man anfangen. Eine Reise ohne Kompass, ohne Zelt, ohne Geld, ohne Plan in einem fremden Land.

Als Einzelkämpfer, mit nichts in den Händen, nichts im Kopf, und keine Ahnung wohin. Und helfen kann dir auch keiner, weil, egal was du sagst, alle lächeln dich einfach nur an. Was sollen sie auch machen, sie verstehen dich nicht. Es ist ja auch nicht deren Schuld, sie sprechen halt eine andere Sprache. Und so jemandem wie dir sind sie noch nie begegnet.

So fängt die Sache an mit der Reise zur Liebe. Irgendwie steht man allein da und irgendwie hat man keine Ahnung, was man tut. Aber du weißt, wenn du diesen Weg weiterläufst, wenn du einfach deiner Intuition folgst und einfach darauf vertraust, dass alles aus einem Grund passiert, dass du zum glücklichsten Menschen auf der ganzen Welt wirst.

Ohne diesen ersten wackeligen Schritt wäre ich heute nicht so glücklich. Und auch heute begegne ich auf meinem Wege noch unglaublich vielen Menschen, die absolut keine Ahnung haben, von was ich da rede.

Jaja, Selbstliebe, das ist wichtig. Ehrlichkeit, Offenheit, keine Vorurteile. Irgendwo habe ich das mal gehört, das soll wohl ganz nett sein.

Alle wollen mitreden. Und alle wollen glücklich sein, aber keiner versteht, was Glück wirklich bedeutet. Glück heißt nämlich nicht, dass ich auf irgendjemanden warten muss. Ich bin nicht erst dann glücklich, wenn ich meinen perfekten Partner gefunden habe. Ich bin auch nicht erst dann glücklich, wenn ich mir ein Haus gekauft habe.

Es geht um Liebe. Diese tiefe, wahre Liebe für sich und für sein Umfeld. Dieser Glaube daran, dass nichts und niemand mir etwas Böses will. Der Glaube, dass all das Schlechte aus einem guten Grund passiert. Das Vertrauen, dass ich schon den richtigen Weg gehen werde.

Einfach machen. Was soll denn schon passieren? Zu den Zeiten, in denen ich von mir aus am glücklichsten war, ohne Einwirkung von außen (Job, Geld, Wetter, Freunde …) waren genau die Zeiten, in denen ich bereit war, vom Dach zu springen.

Nicht, weil ich lebensmüde war. Sondern weil ich so sehr darauf vertraut habe, dass das schon so passieren wird, wie es passieren soll. So viele Szenarien hätte es nämlich nicht geben können.

Erstens, ich hätte mir alle Knochen brechen können. Das Leben hätte mir dann vermutlich damit beibringen wollen, dass ich verdammt nochmal mein Gehirn einschalten soll. Denn eigentlich gehört eine gesunde Portion Vernunft mit ins Leben.

Zweitens, ich hätte sterben können. Auch das wäre okay. Ich, für meinen Teil, habe alles gegeben, was ich konnte. Möglicherweise hätte jemand anderes diesen Verlust gebraucht. Dann war das nicht mein Grund, sondern der Grund von jemand anderem.

Drittens, es hätte nichts passieren können. Ich könnte springen, ohne mir auch nur einen Kratzer zu holen. Das hätte meinen Glauben gefestigt.

In allen drei Dingen gibt es etwas Positives. Und genau darum geht es in dieser Liebe zu sich und zu seinem Umfeld. Man fühlt sich so befreit. Ich kann das Gefühl gar nicht beschreiben. Ich bin auch nicht permanent in diesem Gefühlszustand. Es wäre aber schön, immer da drin sein zu können.

Ich bin mal mehr, mal weniger in dieser absoluten Liebe drin. Erst neulich habe ich mich wieder über die Politiker aufgeregt. Natürlich wirft so etwas einen aus der Bahn. Und das bringt meinen Mojo aus dem Fluss. Aber ich weiß, wie ich da wieder reinkomme. Und ich weiß, dass es diesen Zustand gibt.

Es lebt sich auch so viel einfacher. Man hat keinen inneren Druck mehr. Man hört auf, sich Gedanken zu machen darüber, was andere denken könnten. Oder zumindest ist es deutlich weniger. Wenn ich früher jede Sekunde darüber nachgedacht habe, was mein Gegenüber von mir halten könnte, frag ich mich das heute vielleicht einmal im Monat.

Ich mache viele Dinge für mich. Nur für mich. Weil ich es will. Und nicht weil jemand das von mir verlangt. Das ist wahrscheinlich auch das größte Problem, weshalb ich keine gute Angestellte bin. Zu dem Zeitpunkt, an dem ich diese Zeilen schreibe, bin ich dabei, mich selbstständig zu machen. Selbstverständlich stehe ich auch hier vor enormen Herausforderungen. Aber ich frage mich nicht, was andere davon denken könnten.

Denn eigentlich ist mir die Antwort schon sehr bewusst. Dadurch, dass wir Menschen darauf trainiert worden sind, immer nur das Negative zu betrachten, werde ich einen enormen Widerstand erleben. Vor allem in Zeiten eines möglichen dritten Weltkrieges während Corona. Und für mich gibt es keinen besseren Zeitpunkt, sich selbstständig zu machen als jetzt.

Und auch das habe nicht ich entschieden. Natürlich habe ich entschieden, dass ich mich jetzt selbstständig mache. Aber ich bin einfach dem Weg gefolgt. Ich habe all diese lustigen Zufälle einfach dankend angenommen. Und diese Zufälle haben mich jetzt zu diesen Gedanken gebracht. Ich wäre sonst nie auf die Idee gekommen, mich nebenher selbstständig zu machen. Meine Selbstständigkeit stand für mich immer erst ab 50 Jahren im Raum. Mit einem Brautmodengeschäft. Aber ich folge dem Pfad, der mir gegeben wurde. Und ich vertraue einfach darauf.

Wenn das in die Hose gehen soll, wird es das tun. Aber dann habe ich diese Erfahrung gebraucht. Vielleicht für einen anderen Lebensbereich. Vielleicht für einen anderen Zeitpunkt. Aber auch das wird seinen Grund haben und ich werde stark wieder rausgehen.

Das Einzige, was in meiner Macht liegt, ist, was ich tue und was ich denke und vor allem wie ich denke. Also werde ich das tun.

HAST DU HEUTE SCHON DANKE GESAGT?

In meinem Leben gab es selten etwas, für das ich wirklich dankbar war. Ich kam aus ärmlichen Verhältnissen, habe in einem Sozialviertel gewohnt, meine Eltern haben einen Migrationshintergrund, ich wurde gemobbt, wurde misshandelt, ich war Gewalt ausgesetzt, ich war machtlos, schutzlos. Es gab nüchtern betrachtet wirklich nicht viel.

Es ist heftig, wenn man sein eigenes Leben so zusammenpresst. Aber ich bin wirklich an einem Punkt angekommen, an dem ich für alles dankbar bin. Hätte ich die Wahl, mein Leben von vorne zu beginnen und alles so zu gestalten, wie ich es möchte, würde ich es wieder genauso tun. Ich würde wieder als Kind von diesem Mann und dieser Frau in diese Verhältnisse und in dieses Leben geboren werden wollen. Ich würde nichts ändern.

Ich bin meiner Mutter so dankbar, dass sie es 20 Jahre lang mit diesem Tyrannen ausgehalten hat. Dass sie 20 Jahre lang der alten Schule gehorcht hat, und wirklich das getan hat, was der Mann gesagt hat. Ich bin ihr so dankbar, dass sie nicht die Kraft hatte, meinen Vater zu verlassen oder sich zumindest ihm entgegenzusetzen.

Ich bin dankbar, dass mein Vater in diese Familie geboren wurde, in der er ebenfalls nicht das erfahren hat, was er gebraucht hat. Ich bin dankbar für all diese merkwürdigen Zufälle, die schlussendlich dafür gesorgt haben, dass ich heute der Mensch bin, der ich bin. Durch jeden einzelnen Hieb, durch jedes einzelne Wort, durch all diese furchtbaren Dinge, bin ich erst in der Lage, meine Geschichte zu erzählen.

Meine Reise war verdammt lang. Und sie ist lange noch nicht zu Ende. Aber mein Ziel ist es auch nicht, wie ein Mönch total glücklich und zufrieden und ohne jegliche Fehler oder negativen Gefühle zu leben. Ich möchte einfach für den Rest des Lebens dankbar sein.

Natürlich rege ich mich auf, wenn vor mir jemand mit 30 durch die 50er Zone fährt. Vor allem, wenn ich eh schon zu spät dran bin. Aber das ist auch in dem Moment meine Schuld, ich hätte einfach früher losfahren können. Ich habe schon lange aufgehört, beim Autofahren zu fluchen. Und trotzdem gibt es so Momente, in denen die Planeten einfach ganz ungeschickt stehen und von mir dann ein kurzes Schimpfwort rausrutscht.

Aber das ist in Ordnung, ich bemerke es dann und fange an, über mich selbst zu lachen. Weil ich dachte, dass ich nicht mehr fluche, dabei habe ich es gerade eben getan. Wegen einer solchen Kleinigkeit.

Und es geht auch gar nicht darum, aufzuhören diese negativen Gefühle zu haben. Nur weil ich jetzt dankbar bin für meinen Vater und für seine Eltern, werde ich nun nicht den Kontakt zu ihm suchen. Ich bin ihm dankbar dafür, und ich habe ihm auch verziehen.

Es kommen immer noch Dinge hoch. Ich schätze, ich werde bis zu meinem letzten Atemzug gewisse Dinge noch verarbeiten müssen. Immerhin hat er ziemlich große Wunden hinterlassen. Es ist nun meine Aufgabe, sie zu Narben zu heilen. Doch erstmal muss ich diese Wunden finden und sie wirklich behandeln, denn nur ein Pflaster reicht da nicht aus.

Ohne sein Verhalten in der Vergangenheit wäre ich nicht in der Lage, diese Zeilen zu schreiben. Ich könnte meine Gedanken und Erfahrungen nicht teilen. Ich könnte nicht dafür sorgen, dass über dieses Thema viel offener geredet wird. Ich könnte niemanden unterstützen, der sich allein fühlt mit diesem Thema. Ich könnte nicht das Sprachrohr sein, für so viele Menschen, die still leiden. Weil die Gesellschaft einfach noch nicht so weit ist, um zu akzeptieren, dass man über gewisse Themen eben nicht die Klappe halten sollte.

Also ja, ohne diese traumatischen Erlebnisse wäre ich ein ganz anderer Mensch. Vermutlich würde ich auch umhergeistern und nur an mich selbst denken.

Ich bin so unendlich dankbar und so glücklich über genau dieses Leben. Und ich werde mein Bestes geben, um weiterhin genauso dankbar sein zu können. Für jeden Schicksalsschlag, der da noch kommen mag. Denn die Alternative wäre, dass ich wieder in dieses Loch falle. Und das kommt absolut gar nicht in Frage.

WAS HÄTTEN ANDERE FÜR MICH TUN KÖNNEN?

Was viele Menschen leider nicht verstehen über depressive Menschen ist Folgendes: Depressionen übernehmen in deinem Kopf die Kontrolle und verschleiern alles, was man sieht, hört, fühlt, riecht oder schmeckt.

Wie in dem Film „Alles steht Kopf!". Die Depression übernimmt einfach die Kontrolle und macht echt merkwürdige Dinge. Lebensbedrohliche Dinge.

Aus Sicht der Angehörigen stellt man sich dann Fragen wie: „Wieso habe ich es nicht bemerkt?", „Wieso habe ich nicht mehr geholfen?" usw. Die traurige Wahrheit ist, dass niemand etwas hätte tun können, außer die betroffene Person selbst.

Ich habe lange über meine Suizid-Versuche geschwiegen. Depressionen, ja, das war kein Tabuthema für mich. Witzigerweise war die Reaktion darauf oftmals: „Was, du? Du siehst so gut aus und bist doch so klug. Du strahlst so viel Selbstbewusstsein aus, du kannst doch nicht depressiv sein."

Aber genau so wollte ich gesehen werden: stark, ungebrochen und unantastbar. Ich wollte nicht, dass jemand meine Dämonen sieht. Zumindest keine Fremden, ohne dass ich davon erzähle. Über meine gescheiterten Suizid-Versuche rede ich erst seit kurzem wirklich offen.

Ich hatte zu meinen dunkelsten Zeiten einen enorm großen Freundeskreis. Es verging kein Tag, an dem ich nicht von irgendjemandem eine „Guten Morgen"- Nachricht auf dem Handy hatte.

Und alle haben sie mir gesagt, dass sie für mich da sind und ich mich melden soll, falls was ist. Alle haben sie mich gefragt, wie es mir geht und ob es heute einigermaßen erträglich ist. Alle wussten sie Bescheid, dass es mir nicht immer sonderlich gut geht.

Aber habe ich diese angebotene Hilfe jemals angenommen? Nein. Nicht ein einziges Mal. Denn wie kann ich diese Hilfe annehmen, wenn ich doch eigentlich diejenige bin, die immer für alle da ist.

Ich war immer die, die sich um alle gekümmert hat. Ein guter Freund hat mich immer „Mama" genannt, weil ich überall ständig die Verantwortung für alles übernommen habe. Ich habe immer dafür gesorgt, dass jeder von Partys sicher nach Hause kommt, dass jeder gute Laune hat oder nicht allein ist. Ich war immer die, die man um vier Uhr morgens anrufen konnte und die dann rangegangen ist.

Ich habe bis heute noch immer Schmerztabletten in meinem Geldbeutel. Aber nicht für mich, sondern für die Menschen in meinem Umfeld. Genauso wie Sprudel in meinem Auto oder Knabberzeug in meinem Haus. Das ist alles für die anderen, weil ich mich immer um andere sorge und kümmere. Schon immer.

Damals hat es einfach nicht in dieses Bild gepasst – zumindest nicht in meiner depressiven Wahrnehmung. Jemand, der für andere immer da ist, kann einfach nicht die Hilfe von anderen annehmen. Denn derjenige könnte ja dann denken, dass man selbst gerade Schwierigkeiten hat, und könnte ja dann aufhören, deine Hilfe zu erfragen.

Das alles war einfach eine Art Sinn für mein Leben. Ich hatte deutlich öfter Suizidgedanken, als ich es schlussendlich tatsächlich versucht habe. Oft hat mich genau die Vorstellung, dass ich zig Leute im Stich lasse, davon abgehalten.

Was für eine verdrehte Wahrnehmung. Ich hätte mir helfen lassen sollen. Das alles wäre dann viel schneller von der Bühne gegangen und möglicherweise wäre es nie so schlimm geworden. Aber im Nachhinein ist man immer schlauer.

Heute bin ich für andere immer noch gerne da. Ich helfe immer noch, aber nur noch, wo ich kann und wo man meine Hilfe auch will. Ich stelle andere nicht mehr über mich selbst und frage auch aktiv nach Hilfe, wenn ich welche brauche. Wenn ich mir irgendein Problem von der Seele reden muss, dann tue ich das. Ich rufe dann irgendjemanden an oder bombardiere jemanden mit einer zehnminütigen-Sprachnachricht. Das ist normal, das kennen die Leute inzwischen von mir.

Ich lasse einmal meinen Emotionen freien Lauf und dann ist das wieder in Ordnung. Aber ich nehme die Hilfe an, die mir angeboten wird. Ich schaffe es, Leute zu *belästigen*.

Natürlich ist das keine Belästigung. Das war und ist es für mich umgekehrt auch nicht. Aber ich wollte nie Leute mit meinen kleinen Problemen belästigen. Genau so hat sich das angefühlt, als ich daran gedacht habe. Das war dann auch der Grund, weshalb die Lügen begannen und ich aus Elefanten angefangen habe Mücken zu machen.

Die Welt ist vollkommen verdreht. Angebotene Hilfe oder Komplimente habe ich auch als Lügen empfunden. Denn die Normen und Werte der Gesellschaft schreiben es Freunden und Familie vor, nette Dinge zu sagen und Hilfe anzubieten. Für mich war all dieser Kram einfach nicht ernst gemeint. Es war daher gesagt, ohne wirkliche Bedeutung. Wie der dämliche Small Talk: nichtssagend und einfach Pflichtprogramm.

Ich konnte daher die angebotene Hilfe nicht sehen, weil ich sie nicht ernst genommen habe. Ich hätte sie auch niemals annehmen können, weil die Depressionen einem Scheuklappen aufsetzen. Man sieht nur das, was man sehen will, oder besser gesagt, was die Depression will, das du siehst.

Es ist wie in einem schlechten stummen Schwarz-Weiß-Film. Und man kann einfach als Außenstehender absolut gar nichts dagegen machen. Wenn man Betroffene zu irgendwas zwingt, bringt es noch weniger was. Denn die Gedanken haben Schuld an dem Zustand und die Gedanken werden diesen Akt, der eigentlich aus Liebe heraus ging, nicht als solchen empfinden.

Ein depressiver Mensch muss wollen, dass man ihm hilft. Er muss die Heilung wirklich wollen und bereit sein, alles dafür zu tun. Nicht nur ein großer Schwätzer sein, sondern wirklich bereit sein, dafür zu kämpfen und aus seiner Komfortzone treten zu müssen. Und ich denke, genau das ist der größte Knackpunkt an dem Ganzen.

Ich versuche den Heilungsprozess immer mit folgendem Bild zu erklären:

Stell dir vor, du wohnst dein gesamtes Leben in einer Höhle. Da drin ist es kalt, nass und dunkel. Du bist genau dieses furchtbare Klima gewohnt und kennst nichts anderes als die Spinnen, Insekten, Fledermäuse und andere einfarbige gruselige Gestalten, die in solchen Räumen ihr Unwesen treiben.

Aber du kannst dich ja nicht beschweren, du kennst nichts anderes als diese Höhle hier. Nass, kalt und dunkel sind für dich dein Alltag und keine negativen Begriffe.

In der Ferne gibt es ein richtig grelles Licht. Du weißt nicht, was es ist, aber es brennt in den Augen, wenn du hinguckst. Also versuchst du deinen Blick auf keinen Fall dahin zu richten, denn das tut dir weh. So stempelst du das Licht schnell als negativ ab. Deine Augen kennen nur das Dunkel.

Und jetzt stell dir vor, jemand kommt da in die Höhle rein und erzählt dir etwas von diesem Licht und wie schön warm und bunt es dort doch ist.

Auf gar keinen Fall wirst du dorthin gehen. Es brennt ja schon in den Augen, wenn man nur in die Richtung guckt.

Und jetzt stell dir vor, jemand zerrt dich mit Gewalt da raus. Schnell und ohne Rücksicht. Der Schreck ist groß. Bunte Blumenwiesen, die duften, Schmetterlinge, die flattern, Vögel, die zwitschern, blauer Himmel, Sonnenschein, das alles führt zu einer drastischen Reizüberflutung. Geholfen hat man hier niemandem.

Mit solchen enormen Reizüberflutungen ist tatsächlich nicht zu spaßen. Selbst im Hundetraining wird stark darauf geachtet, den Hund nicht zu schnell mit zu vielen Reizen gleichzeitig zu konfrontieren, wenn er das nicht kennt.

Es gibt nämlich zwei mögliche Reaktionen: Die erste ist eigentlich gar nicht mal so schlimm. Der Hund gibt dann einfach auf und macht mit. Beispielsweise beim Besuch auf einem Markt passiert es häufig, dass die Hunde dann einfach gar nichts mehr verstehen oder realisieren und nur noch mitlaufen. Sie sehen und hören nicht wirklich mehr was. Sie funktionieren einfach und spielen eingeprägte Programme ab, beispielsweise Fuß, Sitz, Platz etc.

Die andere Reaktion ist ein wenig heftiger. Hier kann man es sich mit dem Hund absolut verscherzen und dieser wird in eines der ursprünglichen Verhalten zurückfallen. Entweder wird dieser einfrieren, versuchen zu fliehen oder wird aggressiv. So oder so, in so eine Situation sollte man den Hund nie wieder bringen.

Und genauso verhält sich das auch mit dem Menschen. Wenn man langfristig gute Erfolge erzielen möchte, sollte man dem depressiven Menschen langsam und mit Vorwarnung den Weg nach draußen zeigen.

Im Hundetraining gibt es Leckerchen für jeden Schritt ins Licht. Welche Art von Leckerchen man dem Menschen geben möchte, ist eine Frage der Kreativität und der Beziehung.

So oder so ist das alles eine Frage von Feingefühl und enorm viel Geduld. Und wer kann die schon heutzutage aufbringen? Denn hier wird nicht von Tagen oder Wochen geredet. Es geht um Jahre und die hat am Ende dann doch keiner mehr. Sobald man erst einmal erkannt hat, was es bedeutet, einem depressiven Menschen in seinem Tempo angemessen zu helfen, verschwinden die meisten.

Es ist auch kein Vorwurf, immerhin ist es kein einfaches Thema. Ich weiß auch nicht, ob ich heute dazu bereit wäre, jemandem über Jahre hinweg genau diesen Weg privat im Freundeskreis zu zeigen. Ich weiß nicht, ob ich mit einem depressiven Menschen eine Beziehung führen könnte.

Gerade, weil ich weiß, wie man da rauskommt, möchte ich es einfach nicht tun. Das dauert viel zu lange und ich habe meine Erlösung in der Zeit gefunden, als ich allein war. Denn da konnte ich mich vollkommen auf mich konzentrieren und mich in meinem eigenen Tempo aus der Höhle bewegen. Ohne dabei ein schlechtes Gewissen haben zu müssen, dass ich nicht schnell genug vorangekommen bin und der andere doch nur seine Zeit mit seiner angebotenen Hilfe verschwendet. Nur ich und mein Kampf.

Wenn ich dann doch eine Hand irgendwo gebraucht habe, habe ich mir den nötigen Input geholt. Sei es von Freunden, von Familie, aus Filmen oder aus dem Internet. Das Leben gibt einem eigentlich genug Hilfestellung für alles, man muss nur ganz genau auf die Zeichen hören und das auch zulassen.

Ich habe mich dann auch oft sogar selbst belohnt. Ich habe mir nach einem besonders positiven Tag auch mal ein großes Eis oder eine Shoppingtour erlaubt. So hatte ich immer eine Motivation, weiterzumachen und nicht wieder aufzuhören. Natürlich gab es auch Momente, in denen ich einige Schritte zurückgefallen bin. Das ist völlig in Ordnung und normal. Wichtig war nur, dass ich schlussendlich nicht dort stecken geblieben, sondern irgendwann weiter gegangen bin.

Die Scheuklappen wurden erfolgreich weggerissen und ich konnte diese Vielfalt an Reizen endlich genießen. Diese Höhle habe ich nie wieder betreten. Denn jetzt sind kalt, nass und dunkel wirklich eher negativ behaftete Worte für mich. Ironischerweise wohne ich im Schwarzwald. Doch das ist ein anderes Thema.

Wir müssen Schritt für Schritt aus der Höhle in die bunte Blumenwiese gehen. Wir müssen uns schrittweise an die neuen und unglaublichen Reize gewöhnen. Und vor allem müssen wir unser bequemes, gewohntes und sicheres Terrain verlassen. In die weite, unbekannte und gefährliche Welt hinaus.

Und bei diesem Gedanken vergessen wir eine wichtige Sache: Wenn es mir zu viel wird, kann ich doch immer noch zurück. Ich kann zurück in meine Safe-Zone und auf Pause drücken. Ich kann kurz entspannen, Luft holen, mich vorbereiten und dann wieder den nächsten Schritt wagen.

An manchen Tagen fühle ich mich möglicherweise sehr mutig und schaffe ein paar große Schritte hintereinander. An anderen Tagen gehe ich lieber etwas zurück und an anderen bleibe ich vielleicht an Ort und Stelle stehen.

Ich bin niemandem etwas schuldig. Diesen schwierigen Weg sollte jeder für sich laufen. Das ist sich jeder selbst schuldig. Der Weg aus der Depression führt nicht über den Partner, über die Familie oder über den Schwarm.

Der Weg aus der Depression führt über einen selbst. Er beginnt bei einem selbst und endet auch hier. Und diese Verantwortung sich selbst gegenüber zu erkennen und auch zu akzeptieren fällt einem nicht leicht. Vor allem dann nicht, wenn man sowieso nicht viel von einem selbst hält.

Aber nochmal: Schritt für Schritt, im eigenen Tempo.

UND SO LEBTEN SIE GLÜCKLICH BIS AN IHR LEBENSENDE

Auch wenn das nicht so wirken mag, glaube ich absolut an die wahre Liebe. Meine Abneigung gegenüber Beziehungen kommt von den furchtbaren Erfahrungen, die ich gemacht habe, und den Eindrücken, die ich von Freunden erhalte. Das sind alles Bilder von Beziehungen, die nicht meinem Bild entsprechen, und dementsprechend bin ich nicht komplett gegen Beziehungen, sondern gegen das Bild, das die allgemeine Gesellschaft vermittelt.

Uns wird beigebracht, dass wir für Menschen kämpfen oder warten müssen. Dass man kaputte Dinge nicht direkt wegwerfen oder ersetzen sollte und dass wir Fehler akzeptieren müssen. So etwas wie *perfekt* gibt es einfach nicht.

Dann kommen noch die unrealistischen Wünsche dazu, die wir aufgrund von Filmen, Songs oder Büchern entwickeln. Das alles ist eine riesengroße Parade von „Die anderen sagen das so, also muss es so sein". Dabei wollen wir eigentlich meistens was ganz anderes.

In meiner Vorstellung gibt es nämlich so etwas wie die perfekte Beziehung. Es geht dabei nicht darum, dass man nicht miteinander streitet oder alles vom ersten Moment an bis zum letzten Atemzug Friede, Freude, Eierkuchen ist. Es geht auch nicht darum, dass der Gegenüber oder man selbst keine Fehler hat.

Ich glaube an die Art von Liebe, die einfach für beide Parteien als absolut perfekt und unproblematisch empfunden wird, weil beide sich als ganzen Menschen akzeptieren und einen weiteren dazu lassen. Ich bin keine Hälfte, die auf eine andere Hälfte wartet, die mich ergänzt. Ich bin ein ganzer Mensch und möchte einen, der mich erweitert.

Ich stelle mir die wahre Liebe einfach und entspannt vor, weil beide Parteien wissen, wer sie sind und was sie wollen. Es gibt keine Geheimnisse, keine Eifersucht und grundsätzlich nichts Toxisches. Man ist nicht voneinander abhängig und kann die Zeit miteinander genießen. Man erwartet und verlangt nichts vom anderen und vor allem redet man offen und ehrlich über alles.

Damit eine solche Beziehung für immer funktioniert, braucht man selbst ein so hohes Niveau an Selbstliebe. Und genau das ist der Grund, weshalb so viele Beziehungen einfach nicht funktionieren können und es niemals werden.

Sobald ich von meinem Partner irgendetwas erwarte oder verlange, weil ich es mir selbst nicht geben kann, gerate ich in eine Abhängigkeit, was dann unterschiedliche Folgen hat. Es können Verlustängste entstehen, was sich beispielsweise durch Eifersucht widerspiegelt. Es kann zu Frustrationen führen, weil man nicht das bekommt, was man erwartet hat. Und oftmals sind wir alle viel zu stolz, um das zuzugeben.

Niemand gibt offen und ehrlich zu, weshalb man eifersüchtig ist. Zwar ist es gerade ein Trend, zumindest zuzugeben, dass man solche Gefühle hat, allerdings schaut keiner genauer hin. Niemand kann sich eingestehen, dass Eifersucht ein Problem mit mir selbst ist. Sei es aufgrund von Verlustängsten oder aufgrund meines eigenen, viel zu niedrigen Selbstwertes.

Dabei wäre das doch so viel einfacher. Sich einfach hinzusetzen, nachzudenken und zu hinterfragen, woher diese Gefühle kommen. Man kann dann mit dem Partner offen darüber reden und wer weiß, vielleicht entsteht dann etwas Sinnvolles daraus.

Aber selbst das gehört in meine Vorstellung nicht rein.

In meiner Welt sind beide Menschen bereits ganz. Sie sind geheilt und ganz in ihrer Selbstliebe angekommen. Das bedeutet konkret:

Dass sie ihre größten Blockaden bereits aufgearbeitet haben. Dass sie nicht am Bild der Gesellschaft halten und sich somit von alteingesessenen Normen und Werten lösen können. Dass sie nicht in einer schwarz-weißen Welt leben. Dass sie keine sinnlosen Vorurteile haben. Dass sie offen und ehrlich ihre Gefühle wahrnehmen können und diese genauso produktiv kommunizieren und dass sie verstanden haben, dass sie die Hauptrolle in ihrem Leben sind.

All diese Punkte zu erfüllen ist gar nicht so einfach. Und so braucht es nicht nur eine Person, sondern gleich zwei Personen, die all diese Kriterien erfüllen. Anschließend braucht man auch noch diese gute Portion Glück, die dafür sorgt, dass man genau einen solchen Menschen trifft und die restlichen Rahmenbedingungen auch noch passen.

Einfach sieht anders aus. Aber genau das ist der Grund, weshalb ich so glücklich als Single bin. Ich weiß genau, dass ich diese hohen Ansprüche habe. Ich weiß, was ich will, und vor allem auch, was ich nicht will. Bis ich nicht eine Person treffe, die genau diese Eigenschaften mitbringt, werde ich weiterhin Single bleiben.

Was nicht heißt, dass mich gelegentlich das alte Bild einer Beziehung wieder einholt und ich denke, dass mein Bild der wahren Liebe total utopisch ist.

Ich werde auch manchmal schwach und denke dann, dass ich einfach nur dem Gegenüber eine Hilfestellung geben muss. Ich muss einfach warten, Geduld und Verständnis zeigen und dann wird das schon. Aber das ist idiotisch. Das ist mehr als toxisch und hat absolut nichts mit der wahren Liebe zu tun.

Wenn ich Erdbeereis will, dann hol ich mir doch auch Erdbeereis, oder etwa nicht? Natürlich kann ich bei einer solchen Kleinigkeit jetzt auch sagen. „Na gut, dann nehme ich halt das Schokoeis, wenn es jetzt keine Erdbeere gibt." Aber mal Hand aufs Herz: Wie glücklich macht mich das Schokoladeneis dann wirklich? Bin ich dann wirklich zufrieden mit der Wahl? Oder habe ich im

Hinterkopf immer den Gedanken, dass ich doch echt gerne jetzt das Erdbeereis gehabt hätte?

Ich kann mit dem Schokoeis für eine kurze Zeit glücklich sein, keine Frage. Aber wenn ich dann doch mein Erdbeereis habe, bin ich viel zufriedener. Wieso also Kompromisse eingehen, vor allem bei einer so wichtigen Entscheidung wie dem Partner?

Dieser Hintergedanke führt dann auch zu furchtbaren Taten, weil es einfach im Unterbewusstsein brodelt und wir zu stolz sind, um so etwas zuzugeben.

Also binde ich mich lieber an niemanden. Ich bin nämlich felsenfest davon überzeugt, dass es da draußen diesen einen Menschen gibt, der ganz genau zu mir passt. Niemand, der mich ergänzt, sondern jemand, der mich erweitert.

Wir gehen Kompromisse an Stellen ein, weil es uns so beigebracht wird. Man kann niemals alles haben, was man will, wieso also dann nicht wenigstens das nehmen, was man kriegen kann? Ist doch besser als nichts, oder?

Wenn da nicht diese unterbewussten Gedankenstrudel wären, die dann für Chaos sorgen. In dem Fall ist nichts besser.

Uns wird vermittelt, dass wir Hälften sind und einen anderen Menschen brauchen, um wachsen zu können. Wir Frauen brauchen einen Ritter in goldener Rüstung und Männer brauchen die Jungfrau in Nöten. Wir brauchen unseren Fels in der Brandung, weil wir nicht unser eigener Fels sein können. Zumindest vermittelt uns das die Außenwelt.

Fehler sind menschlich und wir müssen das akzeptieren und tolerieren. Was aber, wenn es keine Fehler gibt? Dann geht die ganze Rechnung bereits nicht mehr auf.

Ich mag es nicht, von Fehlern zu reden. Es gibt so etwas wie Fehler nicht. Es gibt Dinge, die wir tun, was dann zu einer allgemeinen Verschlechterung der derzeitigen Situation führt. Sobald wir aber die Lektion daraus gezogen haben, wissen wir es für die Zukunft besser und am Ende sorgt diese Sache dafür, dass die Situation früher oder später besser wird.

Genauso finde ich es furchtbar, wenn man bei Charaktereigenschaften von Fehlern redet. Menschen erleben unterschiedliche Dinge und nicht alle sind auf demselben Level der Einsicht oder Selbstliebe. Nicht alle sind in der Lage, sich selbst zu reflektieren, Dinge wirklich zu verstehen oder Unterbewusstes hochzuholen. Und das ist auch vollkommen in Ordnung so.

Ich habe auch in meinem Freundeskreis solche Leute. Mit ihnen rede ich dann aber nicht über meine Lebensphilosophie, sondern gehe lieber etwas trinken. Um eine gute Zeit zu haben und eine grandiose Party zu feiern, sind das dann auch die richtigen. Ich streiche sie aber jetzt nicht komplett aus meinem Leben, nur weil sie noch nicht so weit sind. Ich verurteile sie auch nicht. Ich spreche nur das Thema möglichst wenig an. Ich stoße da nur auf Widerstand und dann hat es keinen Sinn, weil ich auf moralische Vorwürfe keine Lust habe.

Die Welt ist eben nicht nur schwarz und weiß. Es ist kontextabhängig und nicht jeder Mensch ist gleich.

Es ist aber kein Fehler, es ist halt so. Und ich kenne diese Menschen teilweise seit zehn Jahren und bin wirklich froh darüber, sie in meinem Leben zu haben. Aber eben nur im Kontext Feiern gehen. Für eine Beziehung oder weltbewegende Freundschaft kommen diese Menschen für mich nicht in Frage.

Genauso sehe ich die Sache mit der Beziehung. Inzwischen gibt es so wenig Menschen, die wirklich echtes Interesse in mir wecken. Und wenn, dann meistens nicht von langer Dauer. Da reichen bereits wenige Dates, um festzustellen, dass es nur Schokoladeneis ist. Mein Interesse verfliegt dann so enorm schnell.

Es fängt schon beim Kennenlernen an. Während ich direkt von Beginn mit offenen Karten spiele, bekomme ich vom Gegenüber nur irgendwelche Halbwahrheiten zu hören – wenn überhaupt. Ich renne gerne mit dem Kopf durch die Wand, sobald ich Schmetterlinge im Bauch habe, bekommt der andere das sofort mit.

Ich sage dann auch, dass ich öfter an die Person denke, dass mir die Nähe guttut und so weiter und so fort. Ich mache da absolut kein Geheimnis draus.

Ich möchte unschöne Streitereien vermeiden und stelle immer klar, was ich will. Lerne ich neue Menschen kennen und bemerke, dass da vom anderen ein gewisses Interesse entsteht, blocke ich sofort ab. Ich bin kein Fan davon, falsche Hoffnungen zu machen, wenn es meinerseits nicht funkt. Klare Worte sind allerdings etwas, womit man in dieser Zeit nicht umgehen kann.

So habe ich Gefühle für einen Mann entwickelt und musste öfter an ihn denken, als mir lieb war. Er hat mich komplett abgeblockt, weil er einfach noch Verletzungen zu verarbeiten hatte. Ich wollte dann den Retter in der Not spielen und dachte, dass ich dann einfach warten werde, bis er so weit ist.

Das hat dazu geführt, dass er mich blockieren wollte, um es mir einfacher zu machen, von ihm loszukommen. Das war das Ehrlichste, was ich je von ihm gehört habe. Es war der vollkommen falsche Ansatz, denn diese künstliche Distanz, die er versucht hat zu erschaffen, war genau der Grund dafür, dass ich ihn so toll fand. Ich hatte genug Freiraum, um Dinge in sein Verhalten reinzuinterpretieren.

Und so habe ich ihm direkt gesagt, dass er mir doch einfach sagen soll, dass er nie an mich denkt und absolut keine Gefühle für mich hat. Das ist genau das, was mir helfen würde, mit meinen Gefühlen klarzukommen.

Er hat die Sprachnachricht angehört und hat mich angerufen. Als ich zurückgerufen habe, hat er mich weggedrückt und mir geschrieben, dass er beim Abhören der Sprachnachricht versehentlich auf den Anruf-Button gekommen sei. Seit dem Vorfall war absolute Funkstille.

Mein Gehirn hat natürlich angefangen zu denken, weshalb er mir das jetzt nicht einfach sagen konnte. Warum er nicht einfach gesagt hat, dass er nie an mich denkt.

Und genau das ist der Punkt. Menschen schauen sich ihre verdrängten Probleme nicht an, im Unterbewusstsein brodelt dann eine schöne toxische Brühe und es wird nach außen an alle anderen verteilt, damit alle schön mitleiden.

Es ist ja noch nicht einmal deren Absicht, es geschieht einfach. Und so soll die wahre Liebe aussehen? Nein danke, ich bin mir zu viel wert für solch ein Chaos an unbewusstem Müll, der nach mir geworfen wird. Ich möchte das weder abbekommen noch am Ende aufwischen oder dafür sorgen, dass das nicht mehr geschieht. Nicht in meinem Privatleben, nicht in meiner Partnerschaft.

In einer perfekten Beziehung geht es darum, dass man sich selbst versteht und offen und ehrlich mit seinen eigenen Gefühlen umgehen kann. Eine gesunde Beziehung hat weniger mit dem Gegenüber zu tun, sondern mehr mit einem selbst. Komme ich mit mir absolut klar, gibt es keine Streitpunkte. Ich lasse nicht zu, dass der andere mich verletzen kann, und es läuft einfach alles absolut friedlich.

Mir gefällt mein Bild von der wahren Liebe so sehr. Diese perfekte Beziehung zwischen zwei Menschen, die bei sich angekommen sind und trotzdem Raum für einen anderen Menschen haben. Eine Erweiterung und keine Ergänzung. Und für dieses Bild wird es sich wirklich lohnen, zu warten.

Ich weiß jetzt schon, dass es da wieder Kandidaten geben wird, die mein Interesse für kurze Zeit wecken werden. Es wird wieder ein kurzes Drama geben und dann ist das wieder in Ordnung. Mit jeder gelernten Lektion komme ich nämlich meinem Bild von dieser Liebe näher und dafür bin ich jedem Menschen in meinem Leben dankbar – egal wie kurz oder wie schmerzhaft diese Begegnungen waren.

Um mein eigenes Bild von mir selbst zu vervollständigen, bin ich für jede Erfahrung dankbar. Und eines Tages bin dann auch ich wieder vergeben. Ist das nicht ein schöner Gedanke?

DIE LÖSUNG FÜR ALLE PROBLEME

Wie ich das alles geschafft habe? Das frage ich mich auch häufig. Ich habe mich schon immer viel mit der menschlichen Psychologie beschäftigt, vor allem mit dem Unterbewusstsein des Menschen.

Ich habe schon früh angefangen, auf unbewusste Dinge zu achten, alles zu reflektieren und mich ständig in Frage zu stellen. Aber am Anfang hat mir das alles einfach die Beine weggezogen, weil ich durch die Worte meines Vaters immer gedacht habe, dass ich eh nichts wert bin und die Schuld an allem trage.

Natürlich habe ich dann meine Fehler noch strenger gesehen und sie einfach akzeptiert und angenommen. Ohne Sicht auf Besserung; mir wurden ja meine schlechten Seiten vollkommen bestätigt. Von meinem Vater, von Mitschülern, von angeblichen Freunden. Da waren kaum Menschen, die versucht haben, mich aufzubauen. Und wenn sie es doch taten, konnte ich das nicht annehmen.

Das Reflektieren ging also voll in die Hose – zumindest in diesem Punkt. Trotzdem wäre ich heute bestimmt nicht so weit, wie ich es bin, hätte ich mich damals nicht damit auseinandergesetzt.

Ich hatte auch eine interessante Diskussion mit einem Bekannten, der ebenfalls unter Depressionen leidet. Er hat meinen Beitrag zu meinem 25. Geburtstag auf Instagram gesehen, in dem ich stolz verkündet hatte, dass ich es aus den Depressionen geschafft habe.

Er hat darauf ein nettes „Falls du mal wieder rückfällig wirst, sei nicht traurig" hinterher getippt. Denn Menschen erkranken ja auch chronisch an Depressionen. Das hat mich irgendwie zwiespältig reagieren lassen.

Einerseits hat er ja recht; sollte ich doch eines Tages wieder depressive Phasen haben, sollte ich mich dafür nicht verurteilen. Ich bin ein Mensch und Menschen haben Gefühle. Das ist vollkommen in Ordnung und wer weiß, was für Herausforderungen das Leben mir noch zu bieten hat.

Aber andererseits sehe ich nicht ein, dass es Menschen gibt, die von Depressionen nicht geheilt werden können. Ich lehne mich weit aus dem Fenster und nehme auch die Gefahr dafür in Kauf, für diese Worte gehängt zu werden.

Aber jeder Mensch, der in Depressionen festhängt, ist selbst schuld. Natürlich gibt es hier und da auch biologische Hintergründe hierfür. Aber auch dann ist es nur eine Ausrede zu sagen: „Es ist eben chronisch. Das ist nicht heilbar." Faule Ausreden der Bequemlichkeit.

Wieso? Weil Depressionen Kopfsache sind. Unsere Gedanken haben uns da reingebracht und unsere Gedanken bringen uns dort auch wieder raus.

Ja, aber ich bin doch nicht freiwillig dahin gegangen! Ich habe doch nicht aus Spaß beschlossen, dass mein Leben miserabel ist.

Nein, im Leben geschehen furchtbare Dinge. Das will ich auf keinen Fall beschönigen. Aber die Dinge sind nur deshalb so furchtbar, weil wir es zulassen. Erst unser Denken macht aus einem Problem ein Problem. Es gibt Kulturen, in denen der Tod nichts Negatives ist. Der Übergang ins Jenseits wird gefeiert. Dort trauert man nicht, man feiert. Es ist alles eine Sache unserer Gedanken und unseres Blickwinkels.

Eine Arbeitskollegin hat mit mir vor kurzem über das Thema Vorurteile gesprochen. Ich habe lange nachgedacht und mir ist keine Situation eingefallen, in der ich vor kurzem jemanden für etwas verurteilt hätte.

Sie stand im Unglauben da und meinte: „Mensch, du läufst doch bestimmt auch nicht allein mitten in der Nacht in der Stadt rum, oder?" Ich grinste sie an und meinte selbstverständlich: „Doch, klar. Was soll denn auch passieren?" – „Was ist, wenn da jemand kommt und dich vergewaltigt?"

Jetzt guckte ich sie im Unglauben an. Denn – ohne das Thema an dieser Stelle herunterspielen zu wollen, es ist und bleibt ein ernstes Thema – erstens, ist die Wahrscheinlichkeit sehr gering. Wir erfahren nur durch die Medien all diese furchtbaren Neuigkeiten. Instagram und Netflix erzählen uns, was Vergewaltigungen sind und dass das häufig geschieht. Infolgedessen befürchten wir schon, dass ein Mann, der nur nach dem Weg fragen will, uns schon direkt vergewaltigen möchte.

Also habe ich auch keine Angst. Und selbst wenn doch jemand mit solchen Absichten meinen Weg kreuzen sollte, liegt es doch auch immer noch an mir, wie ich mich in dieser Situation verhalte.

Ich kann daraus ein Drama machen und den Rest meines Lebens diesen Vorfall für all mein Elend verantwortlich machen. Ich könnte aber auch alles versuchen, was in meiner Macht steht, um das zu verhindern.

Und wenn alle Stricke reißen, kann ich das immer noch gedanklich nicht als Trauma, sondern als Erfahrung abstempeln. Und wenn ich jetzt einen noch krasseren Schritt wage, dann könnte ich das alles sogar vielleicht genießen. So wird aus einer Vergewaltigung ein leidenschaftlicher One-Night-Stand mit einem fremden Mann auf offener Straße.

Ist das Beispiel zu krass? Möglicherweise, aber es beschreibt meine Einstellung zu den Dingen ganz gut. Es ist meine Entscheidung, wie nah ich Dinge an mich ranlasse und von welchem Blickwinkel ich draufgucke. Erst wenn ich es zulasse, dass es ein Trauma wird, wird es auch eines. Und im schlimmsten Fall verfolgt mich das bis zu meinem letzten Atemzug.

Natürlich ist das jetzt einfach mal schnell so daher gesagt. Aber wenn man genauer darüber nachdenkt und sich das wirklich bewusst macht, erkennt man die Bedeutung dahinter.

Dass es im Herbst nun einmal regnet, können wir nicht ändern. Die Blätter fallen eben herunter, die Natur stirbt einfach vor unseren Augen. Darauf haben wir keinen Einfluss.

Aber ich kann meine Einstellung dazu ändern. Entweder sterbe ich mit der Natur und meine Laune versinkt in ein tiefes Loch, oder aber ich erfreue mich doch an den goldenen Tönen, springe mit meinen Gummistiefeln durch die Regenpfützen und freue mich auf die Wollsocken- und Kaminofensaison.

Die Situation ist vollkommen identisch. Aber was hat sich geändert? Meine Sichtweise. Das eine Mal mache ich eine Tragödie daraus, das andere Mal eine Komödie. Und das alles nur mit der Macht meiner Gedanken.

Also: Wer sagt, er könne nicht aus den Depressionen raus, weil diese chronisch sind, und die negativen Gedanken seien schon so aufkonditioniert, der ist einfach nur zu bequem – gelinde gesagt.

Der Weg ist alles andere als einfach. Und auch alles andere als kurz oder schnell oder sonst in irgendeiner Hinsicht schön oder angenehm. Der Weg ist furchtbar. Er ist schmutzig, dreckig, voller Scham, Wut, Frust, Trauer … Es ist die Büchse der Pandora, die man öffnet. All das Schlechte auf der Welt begegnet einem hier.

Warum also sollte man sich auf diesen furchtbaren Weg machen? Ganz einfach: Das Ziel. Am Ziel findet man alles, was man sich nur erträumen kann: Glück. Liebe, Freude, Stolz, Familie, Freunde, ja sogar Geld. Ist man erst einmal diesen Weg entlanggelaufen, ist einfach alles möglich. Man muss nur bereit sein, den unfassbar hohen Preis zu bezahlen. Und genau hier scheitert es bei den meisten.

PRAKTISCHE TIPPS

Um wirklich in der Selbstliebe anzukommen und seine Traumata zu verarbeiten, gibt es nicht diese eine goldene Formel. Ich habe beispielsweise keine Medikamente außer Schlaftabletten zu mir genommen. Jemand anderem könnten Medikamente durchaus helfen. Andere Menschen schaffen den Weg scheinbar ganz allein. Aber ganz ehrlich, diesen Menschen glaube ich nicht. Es gibt ein weiteres schönes Bild für Depressionen, das zeigt, weshalb ich so denke:

In der vierten Staffel der Serie Stranger Things auf Netflix ist ein neues Monster aufgetaucht, das wieder für Chaos in der Stadt sorgt. Dieses Monster ist unsichtbar für alle anderen und dringt in den Kopf seines Opfers ein. Langsam und schleichend, es beginnt mit scheinbar zusammenhanglosen und harmlosen Symptomen wie Albträume, Kopfschmerzen oder Nasenbluten. Und genauso läuft das mit den Depressionen ab.

Sie sind nicht auf einmal da, sie kommen schleichend und nehmen einen schlussendlich vollständig ein. Man bemerkt es erst, wenn es schon zu spät ist. In der Serie werden die Symptome dann immer schlimmer, es folgen Albträume im wachen Zustand – Halluzinationen von Dingen, eine geschwärzte Wahrnehmung der Realität, Angst, Pessimismus, Schmerz, Zorn, Schuldgefühle … Bis man komplett in dieser Hölle gefangen ist.

Selbst wenn man willensstark ist, kommt man da nicht allein raus. Man kann das Ende hinauszögern, man kann sich wehren und den Prozess verlangsamen. Aber allein hat man keine Chance aus diesem furchtbar ausgeklügelten Gedankenkonzept hinauszukommen. In der Serie ist ebenfalls der einzige Ausweg aus den Schlingen des Monsters ein Halt in der realen Welt. So lassen die

Freunde der befallenen Person ihren Lieblingssong spielen, damit sie da rauskommt und es wieder schafft, in die Realität zurückzukommen.

Um gegen das Monster „Depression" gewinnen zu können, braucht man einen Halt in der realen Welt. Egal wer oder was es ist, desto mehr Ankerpunkte man hat, desto schneller gelingt der Prozess.

Es ist nämlich unfassbar leichtsinnig, einen einzigen Halt zu haben. Der bekannte letzte Strohhalm kann nämlich einknicken und dann wirft ein einziger Stein gewaltige Wellen. Nur auf eine Person zu hoffen, die einen da rauszieht, ist enorm fahrlässig und unvernünftig.

So braucht es neben vertrauten Personen auch fachliches Personal – Berater, Coaches, Psychologen, Ärzte. Was auch immer, Hauptsache, es handelt sich um einen Experten auf diesem Gebiet.

Ein weiterer unverzichtbarer Halt sind Hobbys, Leidenschaften, Dinge, die man gerne tut und auch gut kann. So hatte ich eine Schar an Hobbys. Ich habe fotografiert, eigene Songs komponiert, drei Instrumente gespielt, Sport getrieben, Kurzgeschichten geschrieben, gebacken und gezeichnet. Ich konnte alles ganz gut, allerdings war nichts überragend gut.

Darum ging es aber auch nicht. Es ging darum, dass ich daraus einen Anker gemacht habe. Ich konnte meinen Frust und meine Trauer durch diese kreativen Tätigkeiten ausdrücken. Beim Backen habe ich beispielsweise auf möglichst viele elektronische Geräte versucht zu verzichten. So musste ich mir die Zeit nehmen, den Teig mehrmals umzurühren und übte mich in Geduld. Ich musste meine Gedanken loslassen, wie bei einer Meditation.

Meine Kurzgeschichten und Lieder habe ich immer als Spiegel genutzt, um meine Gefühle widerzuspiegeln, die ich einfach nicht aussprechen konnte.

Die Fotografie hat mir beigebracht, Dinge aus unterschiedlichen Blickwinkeln zu betrachten, und hat mir die unendlichen Möglichkeiten aufgezeigt, die einem in der nachträglichen

Bearbeitung zur Verfügung stehen. So fühlte ich mich nicht mehr so ganz eingeengt.

Der Sport war nur da, um Frust auszulassen. Und dennoch beschäftigte ich mich mit all diesen Dingen und konnte dann überall Fortschritte erkennen. Auch wenn es kleine waren, aber das Feedback von meinem Umfeld war enorm. Das beflügelt das Ego und das ist enorm wichtig, wenn sonst alles andere gegen das Ego spricht.

Eine weitere Sache, die mir dabei geholfen hat, waren meine Tagebücher. Ich habe schon in der Grundschule angefangen Tagebücher zu schreiben. Eine Zeit lang habe ich jeden Abend ein paar Zeilen über den Tag geschrieben, eine andere Zeit nur dann, wenn mir danach war.

Hier ist alles erlaubt, solange man seine Gedanken ehrlich niederschreibt. Es bringt nichts, wenn man sich selbst belügt, während man ein Tagebuch schreibt. Man muss niemandem etwas beweisen, denn es handelt sich um das Persönlichste überhaupt. Es geht hierbei nicht darum, die Eltern zu begeistern oder den Schwarm zu gewinnen.

Es geht darum, sich selbst zu verstehen und zu reflektieren. Mir ist das Niederschreiben meiner Gedanken persönlich nie schwergefallen, aber es gibt viele, die damit stark zu kämpfen haben. Ihnen fällt dann nichts ein, worüber man schreiben könnte oder sollte.

Und genau das ist der Punkt. Du schreibst das, was du schreiben willst. Wenn heute ein guter Tag war und man möchte es einfach niederschreiben, dann tu das. Wenn du deinem Nachbarn gerne Abführmittel ins Essen untermischen möchtest, dann schreib es. Es ist dein persönlichstes Gut und geht niemanden etwas an.

Und auf gar keinen Fall darf man sich für seine Worte schämen, es sind die eigenen Gefühle. Und es ist nun einmal nicht alles Friede, Freude, Eierkuchen. Jeder hat mal einen dunklen Moment und stellt sich vor, wie der Chef in Flammen aufgeht. Die meisten sind nur zu stolz, um es zuzugeben.

Es ist okay, so etwas zu denken und aufzuschreiben. Wichtig ist, dass man sich dafür nicht verurteilt. Einfach feststellen und sich freuen, dass man sich gerade bei einem solchen Gedanken erwischt hat.

Natürlich sollte man solche Gedanken nicht zu Taten werden lassen, allerdings ist es enorm therapeutisch, solche moralisch verwerflichen Gedanken einmal loszuwerden – wenn man sie schon nicht aussprechen darf.

Und genau dafür sind Tagebücher da: Für Dinge, die man niemals aussprechen könnte. In meinen Tagebüchern sind zig Pläne über meinen Selbstmord, tausend Abschiedsbriefe und weiß der Geier wie viele gewalttätige Phantasien über Menschen, die mich zur Weißglut gebracht haben.

Wenn irgendjemand einmal meine Tagebücher lesen sollte, werde ich den Rest meines Lebens hinter Gittern verbringen – entweder im Gefängnis oder in einer Psychiatrie.

So gibt es viele Anker, die man sich in der „realen" Welt schaffen kann und auch muss, um aus Depressionen heil rauszukommen. Man braucht die Kombi aus guttuenden Beziehungen zu Menschen, ablenkenden und erfüllenden Tätigkeiten, Erfolg bringenden Tätigkeiten und der Möglichkeit, in Ruhe über sich selbst nachdenken zu können.

Sei es meditieren, Achtsamkeitsübungen, vernünftige Mutproben (z. B. das Rasieren einer Glatze für Frauen oder das Gestehen der Gefühle gegenüber dem Schwarm) oder anderen Dingen. Der Phantasie ist an dieser Stelle keine Grenze gesetzt.

Wichtig ist nur, dass ich für alles eine Tätigkeit habe:

Etwas, das mir hilft, meine negativen Gedanken in etwas Schönes umzuwandeln (Geschichten schreiben, zeichnen). Etwas, was ich nutze, um meine angestaute Energie rauszulassen (Joggen, Singen). Und etwas, das mir beim Denken über mich hilft (Tagebuch schreiben, Videotagebuch).

Diese Kombination gepaart mit Menschen, die mich wirklich lieben und die mir guttun, sowie Menschen mit Fachwissen über Depressionen sind die Formel, um aus Depressionen lebend rauszukommen. Es darf nicht nur ein Anker sein, man darf nicht nur einen Strohhalm haben. Man braucht ein ganzes Netz aus Strohhalmen, das mich auch dann hält, wenn einer mal brechen sollte. So hat man die nötige Zeit, um den kaputten Halm zu ersetzen, ehe das ganze Gefilde auseinanderbricht. Das gesamte Konstrukt muss funktionieren, sonst ist man für immer gefangen.

Leider fehlt diese Einsicht oft, weil man so dermaßen in dieser geschwärzten surrealen Welt unterwegs ist und immer mehr den Bezug zur wahren Realität verliert. Depression ist eine Krankheit, die im Inneren stattfindet und die Gedanken vollkommen vergiftet. Langsam und Stück für Stück geschieht das so geschickt, dass man am Ende wirklich davon überzeugt ist, dass es keinen Ausweg gibt und die einzige Lösung der Selbstmord ist. Dabei entspricht das absolut nicht der nüchternen Realität. Es gibt immer eine Lösung, nur sind betroffene Menschen nicht in der Lage, die nüchterne Realität zu sehen.

So wie in der vierten Staffel von Stranger Things. Es sieht zwar genauso aus wie die Realität, es fühlt sich auch echt an, aber es spielt sich alles nur im Kopf ab.

Verursacht durch die grausamen Taten anderer Menschen, die es einfach nicht besser wussten oder besser machen konnten. Oftmals haben sie selbst mit der eigenen geschwärzten Realität zu kämpfen und nehmen deshalb andere Menschen mit in den Abgrund – mehr unbewusst als bewusst. Und das ist das Gefährlichste überhaupt.

Betroffene verstehen nicht, dass es ihnen nicht gut geht und ihre Realität verzerrt ist, und aus Frust ziehen sie unbewusst andere Menschen mit in ihre verzerrte Realität. Man kann nüchtern betrachtet hier also nicht einmal irgendjemandem die Schuld geben. Es liegt an uns selbst, unsere Anker zu bauen und zu schauen, dass unser Netz stabil genug ist, um solche Fremdeinwirkungen aushalten zu können.

Das Gleiche gilt auch für Verluste oder andere tragische Situationen, die Menschen in Depressionen ziehen. Ist mein Netz stabil genug, habe ich genug Anker, und ist das Konstrukt in sich stimmig, dann kann die Welt einstürzen und ich bleibe in der echten Realität. Selbstverständlich gibt es dann auch mal etwas schlechtere Tage, in denen scheinbar alles wieder dunkel erscheint. Allerdings halten diese Tage nur so lange an, bis ich mein Netz wieder repariert habe. Es gibt ein Ende und ich weiß, dass es wieder besser wird. Depressionen gaukeln einem nur ein mögliches Ende vor – nämlich das endgültige Ende.

Wichtig ist auch zu wissen, dass dieses Netz mir kein anderer Mensch bauen kann. Es ist genauso persönlich und individuell wie jeder Mensch selbst. Dem einen tun eher Schreibtätigkeiten gut, der andere baut Möbel oder richtet ganze Häuser ein. Jemand anderes möchte lieber Marathon rennen und ein Dritter lässt seine Energie lieber beim Tanzen raus. Die einen finden ihre Ruhe beim Wandern in den Bergen und ganz andere wieder im Pool am Hotel.

Es ist unmöglich, das Netz für jemand anderes aufzubauen, man kann nur Teil des Netzes sein. Und auch hier muss die betroffene Person selbst entscheiden, welche Personen Teil des Netzes sind und welche nicht. Man kann als Außenstehender nur unterstützend wirken und eine Hand reichen. Das heißt, man kann Tipps geben oder gemeinsam neue Hobbys anfangen. Aber zwingen kann man leider niemanden zu seinem Glück. Genauso wenig kann man als Außenstehender Menschen positiv manipulieren, damit sie diese geschwärzte Welt schneller verlassen können.

Wenn ich einen Wunsch frei hätte, würde ich mir einen USB-Stick mit einer Software für das Gehirn wünschen. Eine Software, die diesen Virus vollständig eliminiert, damit alle Menschen diese wunderbare reale Welt sehen können.

DAS GROSSE WIEDERSEHEN

Es war so weit. Ich hatte mich mit meinem Vater zum Essen verabredet. Ich konnte es selbst kaum glauben, dass ich einen solchen mutigen Schritt eines Tages wirklich tun würde. Vor allem, da ich immer die Meinung vertreten habe, dass ich ihn nicht wiedersehen will, eben weil ich keine toxischen Menschen mehr in meinem Leben haben möchte.

Dennoch saßen wir gemeinsam am Esstisch und haben über den Urlaub meines jüngsten Bruders geredet.

Die Tage zuvor wurde ich oft gefragt, weshalb ich das mache. Wenn all die Geschichten, die ich über meinen Vater erzähle, doch stimmen würden, dann sollte ich ihn doch nie wieder sehen wollen. Und am besten wünsche ich ihm noch den Tod. Solche Dinge durfte ich mir oft anhören.

Ich konnte es selbst kaum fassen, bis zu dem Zeitpunkt, an dem ich wirklich in seinem Hausflur stand. Ich war nicht nervös oder aufgeregt. Ich hatte auch kaum einen Gedanken die Tage zuvor daran verschwendet. Aber die Umstände, wie es dazu kam, waren auch sehr besonders.

Ein paar Tage vor dem Treffen war ich am Meditieren und es hatten sich einige Puzzlestücke wieder zusammengetan. So habe ich bereits vor ein paar Wochen aufgehört, eigene Entscheidungen zu treffen. Ich hörte stattdessen auf das Leben und habe das genommen, was mir gegeben wurde.

Ein Beispiel, um das besser zu erklären:

Mir wurde auf Instagram ein super Job in einem Nachtclub angezeigt. Ich hatte etwas Kapazität und hatte die Idee gefasst, meine eigene Marke aufzubauen. In einem Nachtclub zu arbeiten bedeutet: Sehen und gesehen werden. So bewarb ich mich auf die Stelle, nach einem zehnminütigen Gespräch wurde ich quasi befördert. So wurde aus einem einfachen Promoter-Job direkt das neue Gesicht des Clubs. Da das alles auf 450-Euro-Basis läuft, musste ich meinen direkten Vorgesetzten um Erlaubnis bitten. Dieser hat allerdings abgesagt, sodass ich am nächsten Tag gekündigt hatte. Natürlich habe ich diese Entscheidungen getroffen. Aber es war ein Zusammenspiel von all diesen Zufällen und Geschehnissen. Die Kündigung war der nächste logische Schritt für mich. Da gab es keine Überlegung.

Und dieses Mindset gibt mir tatsächlich enorm viel Energie. So schlafe ich viel weniger und bin dennoch topfit. Ich fühle mich besser denn je und bin einfach tiefenentspannt. Denn ich vertraue darauf, dass alles seinen Weg gehen wird.

Das ist Puzzlestück Nummer eins. Das zweite Puzzlestück behandelt die Sicht auf Krisen – egal ob groß oder klein. Um bei der Jobsituation zu bleiben: Ich könnte jetzt wie ein aufgescheuchtes Huhn durch die Gegend rennen und nach einem neuen Vollzeitjob suchen. Denn von nur einem Minijob lässt sich nicht einmal meine Miete bezahlen. Stattdessen bin ich absolut tiefenentspannt. Nicht, weil ich so viele Ersparnisse habe, dass ich ohne Probleme ein paar Monate auf ein festes Einkommen verzichten könnte – denn das habe ich nicht. Sondern weil ich weiß, dass alles seinen Weg gehen wird.

Ich warte auf das Richtige, da wird es wieder durch irgendeinen blöden Zufall etwas Interessantes geben, bei dem mein Bauchgefühl ja sagt. Denn diese Entscheidung habe wieder nicht ich zu treffen. Und wenn ich dann ohne Job dastehe, dann hat auch das seinen Grund. Ich werde dann auch hieraus eine Lektion ziehen und wenn es die ist, dass ich nicht ständig blind dem Universum vertrauen soll. So oder so, ich mag fallen, aber das Genick werde ich mir nicht brechen.

Ich bin, was diese Situation anbelangt, extrem entspannt und freue mich sogar darauf, was mir das Leben schenken wird. Ich habe keine Ängste, keine Zweifel und auch keine Sorgen. Und genau diese Haltung kann man jetzt auf jegliche Situationen im Leben übertragen. So kann ich mir durchaus ein Leben ohne Schmerzen und ohne quälenden Gedanken vorstellen. Denn wenn wir beginnen zu verstehen, dass jeder Fehler oder jede Krise eigentlich nur etwas Gutes bringt, sieht man die Welt anders.

So ist das Fremdgehen des Partners kein schmerzhaftes Erlebnis mehr, sondern ein Geschenk. Denn man weiß jetzt, dass dieser Mensch nicht der richtige ist und man kann an sich arbeiten. Man darf wachsen und herausfinden, weshalb man an einen solchen Menschen geraten ist und wie man das in Zukunft umgehen kann. Man darf Wunden finden und diese verarzten, sodass sie zu Narben werden.

Das ist doch eigentlich etwas Schönes, oder etwa nicht? Diese Narbe wird mich dann nämlich immer an diese Lektion erinnern und so werde ich diesen Schmerz nicht noch einmal erleben. Jede Krise sorgt dafür, dass es mir in Zukunft besser gehen wird.

Das letzte Puzzlestück ist ein ganz besonderes Teilchen, welches ich definitiv noch zu schätzen lernen darf. Denn das Universum flüstert immer, bevor es schreit. Das mag jetzt sehr spirituell und abgedreht klingen für den ein oder anderen. Um das auch den rational denkenden Lesern zu erklären, folgendes Gedankenspiel:

Wie oft fielen, beispielsweise nach der Trennung vom Expartner, Sätze wie: „Ich habe es vorher gewusst. Hätte ich nur damals … Das war mir schon früher klar"? Wie oft wussten wir schon vor Krisensituationen, dass das nicht gut enden wird? Wie oft gab es dieses schlechte Bauchgefühl, das wir einfach ignoriert haben?

Das Universum flüstert, bevor es schreit.

So liegt es an uns, aufmerksamer durch das Leben zu laufen. Denn wenn wir nicht auf das Flüstern hören, entsteht eine Krise, durch die wir dann erst unsere Lektion lernen dürfen.

Im Umkehrschluss bedeutet das aber auch, dass es tatsächlich möglich ist, solche Krisen zu umgehen. Wir können Lektionen durch das Positive lernen, indem wir einfach mehr auf das Leben oder unser Bauchgefühl hören. Diese drei Puzzlestücke kombiniert sind eine wahre Geheimwaffe für pures Glück. Und so hatte ich die Entscheidung getroffen, diesen Weg zu gehen und zu schauen, wohin dieser mich bringt. Ich möchte meinen Platz in dieser Welt einnehmen und noch stärker mit mir selbst verbunden sein. Weniger nach Bestätigung oder Anerkennung suchen, weniger mit dem Finger auf andere zeigen, sondern wirklich bei mir selbst ankommen und den Weg gehen, der für mich bestimmt ist.

Und im Moment dieser Erkenntnis hat mir mein Vater eine SMS geschrieben, ob ich denn nicht am Wochenende zum Essen vorbeikommen möchte.

Mir war klar, dass ich zusagen werde. Denn ich glaube an keine Zufälle und dass er mir in einem solchen Moment schreibt, war dann doch etwas zu merkwürdig. Dennoch kamen in mir tausend Widerstände hoch. Ich wollte ihn nie wieder sehen. Und jetzt muss ich zusagen?

Die Ängste und Sorgen darüber, dass er wieder meine Knöpfe drücken wird, um mich zu manipulieren, waren schnell verschwunden. Denn für irgendeinen Grund musste ich ihn wohl sehen. Vermutlich durfte ich noch etwas an mir arbeiten, um wieder wachsen zu dürfen. Eine weitere Lektion, eine weitere Narbe.

Die Tage vergingen und ich hatte kaum Gedanken daran verschwendet. Ich stand dem Treffen sehr entspannt gegenüber.

Ich bin mir unsicher, ob ich das Treffen einfach die Tage zuvor nur verdrängt habe oder ob ich wirklich keinen großen Wirbel daraus gemacht habe. Für mich war es einfach ein Treffen wie jedes andere auch. Mit der Ausnahme, dass ich diese kindliche

Vorfreude hatte. Ich wollte unbedingt wissen, wozu das Treffen gut sein wird.

Ich durfte feststellen, dass mein Vater sich in all den Jahren nicht verändert hat. Wir haben uns jetzt vier Jahre lang nicht gesprochen. Ich habe ihn auf sämtlichen Kanälen blockiert und jeden Kontakt vermieden. In vier Jahren kann einiges geschehen, man kann einiges erreichen. Doch er war immer noch der Gleiche. Natürlich hat er meine Knöpfe gedrückt, aber die hat er alles andere als bewusst gedrückt. Die Worte kamen einfach aus ihm heraus. Sein Wesen lässt sich ganz genau an einem Gespräch erklären:

Er hat sich einen Hund geholt und wollte Tipps von mir für die Erziehung. Seine Hündin spielt nämlich nicht immer mit allen Hunden und reagiert oftmals mit Knurren, wenn ihr ein Hund zu nahe kommt.

Natürlich kann ich diese Situation jetzt nicht beurteilen, weil ich diese Situationen nicht live erlebt habe. Es kann sein, dass sie tatsächlich einfach keine gute Sozialisierung genossen hat und ihr dadurch der Umgang mit anderen Hunden fremd geworden ist. Es kann aber auch einfach sein, dass sie nicht jeden Hund mag und nicht mit jedem Hund einen Kontakt eingehen möchte. Wir Menschen wollen ja auch nicht jeden umarmen, der uns auf der Straße entgegenläuft. Es sind fremde Menschen und uns widerstrebt es einfach. Und dennoch verlangen wir so etwas von unseren Hunden.

Das habe ich ihm versucht zu erklären. Wenn uns ein Mensch entgegenkommt und schon Anstalten macht, mit uns zu interagieren, und wir möchten das nicht, dann wenden wir uns auch ab. Wenn dieser dann auch noch unhöflich wird und unsere abweisende Körperkommunikation ignoriert, werden wir dann schon mal direkter. Versucht dieser uns dann auch noch zu bedrängen oder anzufassen, kann auch bei uns mal kurz die Leitung durchbrennen.

Wieso verlangen wir das also von unseren Hunden?

Mein Vater hat sich dann korrigiert und gesagt, dass er ja nicht unbedingt will, dass sie mit jedem spielt. Aber wenigstens jeden Hund ruhig beschnuppern soll, der vorbeiläuft.

Wieder selbiges Thema. Wir laufen doch auch ruhig an Menschen vorbei, die nicht direkt mit uns interagieren möchten. Oder gibt es Menschen, die jedem einzelnen die Hand reichen, sobald man einem Menschen auf der Straße begegnet? Viele grüßen sich ja noch nicht einmal, sondern laufen still und in sich gekehrt durch die Straßen.

Natürlich gibt es wieder andere, die jedem einzelnen ein Lächeln schenken oder ein „Guten Tag" von sich geben. Das ist vollkommen typabhängig. Es gibt eben freundliche und kommunikative Typen und dann gibt es die stillen unter uns.

Dieses Thema ist ein heikles Thema bei mir. Ich wurde mein Leben lang auch zu diversen Dingen gezwungen, auf die ich keine Lust hatte und bei denen tausend Widerstände in mir hochkamen, weil sie mir einfach nicht entsprachen. Das ist die Art von Missbrauch, die viel tiefere Narben als eine Tracht Prügel hinterlässt.

Dementsprechend kochten in mir ein paar Emotionen hoch. Ich wurde direkter und habe meinen Standpunkt eindeutig vertreten, dass das eine Art Missbrauch ist. Er solle doch aufhören, seinen Hund zu Dingen zu zwingen, die er will und sie nicht. Rückblickend habe ich natürlich unsere Beziehung auf die Beziehung zu seinem Hund gespiegelt. Das war nicht sonderlich klug von mir.

Vermutlich hat er das bemerkt, denn seine Aussage war dann sofort: „Das möchte ich doch gar nicht, sie darf machen, was sie will." Wäre schön, wenn es denn auch dabei geblieben wäre.

Nach einigen anderen Gesprächsthemen ist er wieder auf das Thema zurückgekommen. Seine Hündin würde sich besonders gut benehmen, nur möchte er, dass sie immer mit anderen Hunden spielt. Meine Antwort war die gleiche, nur kürzer. Er hat sich korrigiert, dass sie wenigstens jeden beschnuppern soll, das würde ihm schon ausreichen. Nach meiner direkten Ansage darf sie wieder machen, was sie will.

Dieses Spiel haben wir am Abend drei oder vier Mal gespielt. Immer wieder das Gleiche.

Ich habe dann meine Emotionen nicht mehr im Griff gehabt und habe das alles dann auch extrem auf mich bezogen. Er durfte sich von mir anhören, dass er genau diese Tour immer abzieht. Er manipuliert andere immer so weit, dass sie genau das tun, was er will - ohne Rücksicht auf Verluste. Er macht das mit all den Menschen in seinem Umfeld und am Ende tut er dann so, als wäre er nicht der Böse. Seine Antwort hat mir den Rest gegeben.

„Aber du bist doch meine Tochter."

„Du aber nicht mein Vater."

Ich habe es laut ausgesprochen. Und es hat sich wirklich gut angefühlt. Ich fühle mich jetzt ein Stück weit leichter. Es war nicht klug von mir, mich erneut auf seine Spiele einzulassen und unsere Vergangenheit auf dieses Thema zu projizieren. Meine Antworten waren für ihn auch sicherlich alles andere als konstruktiv.

Ich weiß jetzt wirklich, dass er sich nicht ändern wird. Und ich befinde mich auf dem richtigen Weg. Ich weiß nicht, ob ich ihm eines Tages neutral gegenüberstehen kann. Ich habe derzeit noch ein großes Gefühlschaos in mir. Denn einerseits bin ich ihm unendlich dankbar und ich verstehe auch, dass er aufgrund seiner Familie so ist, wie er ist. Dennoch liegt es in seiner Verantwortung, dass er jetzt gerade immer noch so ist und nicht gegen seine Dämonen ankämpfen will.

Es ist ein zweischneidiges Schwert. Für vieles kann er nicht die Schuld tragen, aber am Ende ist es seine Verantwortung, dass er nicht an sich arbeitet. Ich möchte es auch nicht zu meiner Aufgabe machen, ihm das erklären zu müssen. Möglicherweise wird er das Buch ja lesen und vielleicht versteht er dann ein paar Dinge besser. Vermutlich wird er aber so wutentbrannt sein, dass er alles abstreitet, mich als Lügnerin darstellt und sich selbst wieder zum Opfer macht.

So oder so bin ich stolz auf mich, dass ich das Gespräch so gut gemeistert habe. Es hat nicht so viele Emotionen in mir ausgelöst, wie ich direkt zu Beginn gedacht hätte. Ich konnte vieles nüchtern feststellen und habe mich oft dabei erwischt, wie ich innerlich in gewissen Situationen lachen musste. Er hat sich nicht verändert, in all den Jahren nicht.

Ich kann jetzt endlich einen Schlussstrich ziehen und weitermachen. Es ist ein befreiendes Gefühl zu wissen, dass er mich nicht mehr so in Rage bringen kann. Er hat keine Kontrolle mehr über mich. Auch wenn ich kurz emotional geworden bin, so ist das kein Vergleich zu früher. Vor einigen Jahren hätte ein solches Essen mit ihm einen Nervenzusammenbruch bedeutet.

Nach diesem Gespräch bin ich in Ruhe zu meiner Mutter gefahren und habe mit ihr ein wenig darüber gesprochen. Denn ich wollte das alles reflektieren und für mich verstehen, weshalb ich dieses Treffen jetzt gebraucht habe. Denn für mich war es kein Highlight oder Meilenstein.

Vermutlich habe ich einfach dieses Treffen gebraucht, um dem Buch einen runden Abschluss geben zu können. Vielleicht muss jemand genau diese Zeilen lesen, um Mut zu finden, sich seinen Dämonen und Ängsten zu stellen. Vielleicht war es auch ein Test vom Leben, um zu schauen, wie ernst mir die Sache mit dem Treibenlassen ist.

So oder so, es hat alles seinen Grund und ich bin gespannt, was das Leben mir noch alles bieten wird. Ich freue mich darauf.

SCHLUSSWORT

Ich stand mir selbst im Weg. Es ist wie in der Schlussszene von Sias Lied „Elastic Heart". Wo Shia Laboeuf einfach nicht aus dem Käfig kann, weil er seine Arme links und rechts um das Gitter hält, anstatt sich zwischen den Gittern durchzudrücken. Natürlich habe ich mir diesen Käfig nicht ausgesucht, aber Fakt ist, dass ich mir ausgesucht habe, dort zu bleiben und lange nicht rauszukommen. Ich dachte oft, dass ich es will. Aber ich kam erst raus, als es mir todernst war.

Ich musste lernen, wie hoch der Preis dafür war. Es lässt sich einfach sagen und die Zeilen sind auch schnell geschrieben. Aber erst wenn man das wirklich tief verstanden hat, kommt man da raus. Mein Vater hat mich zwar in diesen Käfig reingesteckt und mir all diese furchtbaren Dinge angetan. Aber meine Verantwortung ist es, aufzuhören, ihn dafür verantwortlich zu machen und stattdessen meine Sicht auf die Dinge zu ändern. Denn ich wollte dieses Leben, ich will dieses Leben und ich bin dankbar für alles, was mir widerfahren ist.

Ich werde den tollsten Ehemann, die wundervollsten Kinder und den besten Job in diesem ganzen Universum haben. Denn ich will alles oder nichts und habe genug im Loch geschmort. Jetzt ist es an der Zeit zu leben. Und jetzt hol ich mir, was ich wirklich will. Es ist soweit, jetzt fängt mein Leben erst richtig an. Jetzt bin ich wach. Dornröschen ist aus ihrem Jahrhundertschlaf erwacht und das ganz ohne Prinzen.

ENDE;

Mein Name ist Julia Podgorny. Ich bin weder Opfer, noch Betroffene. Ich bin Schöpferin meines Lebens. Ich erzähle meine Geschichte, um anderen Mut zu machen, um für Verständnis zu sorgen, um die Welt zu heilen. Es ist ein langer Weg, aber irgendjemand muss ja irgendwo anfangen, oder?

Ich wurde am 7. Oktober 1996 in Sachsen-Anhalt geboren und habe mein ganzes Leben dann im Schwarzwald verbracht. Aufgewachsen bin ich zweisprachig, ich liebe Sushi, kann Kälte nicht leiden und meine Lieblingsfarbe ist Rot.

Studiert habe ich ursprünglich Wirtschaftsinformatik, habe inzwischen aber vermutlich in jeder Branche einmal gearbeitet. Mein Herz hängt bei den Tieren und Menschen, so bin ich ehrenamtlich in einer Rettungshundestaffel und im Büro in einem Tierheim tätig.

Ich glaube fest an Karma und ich weiß, dass dieses Buch die richtigen Leute zum richtigen Zeitpunkt finden wird.

Danke, dass du mir zuhörst.

Meine Social-Media-Kanäle, meinen Podcast sowie weitere Bücher erhältst du unter folgendem Link:

https://linktr.ee/lilly.hysteria